街場のメディア論

内田樹

JN275744

光文社新書

まえがき

みなさん、こんにちは。内田樹です。

この本は、「街場」シリーズの四冊目です。これまで「アメリカ論」（NTT出版／文春文庫）、「中国論」、「教育論」（いずれもミシマ社）と三冊出してきました。今回は「メディア論」です。この後に「街場の家族論」（講談社）と「街場の文体論」（ミシマ社）が続く予定です。

出版社も編集者も違うのに、どの本にも「街場の」という共通の形容詞がついているのは、製作システムが同じだからです。素材は大学での授業です。神戸女学院大学の学生・院生たちの発題とディスカッションがまずあり、そのライブ録音をテープ起こしして、編集者にある程度まとまりのあるかたちにエディットしてもらってから、僕が加筆して一冊の本に仕立てました。

この本作りのやり方が僕はなかなか気に入っています。たぶんそれは、複数の人たちが関与しているからだと思います。単一の「作者」がきちんとすみずみまでコントロールしているものよりも、いろいろな人の声や私念がまじりあっている本のほうが僕は好きです。なんとなく風通しがいいような気がして。それに、一冊の本の中に、書き手ひとりの声だけではなくて、他の人たちの声のための場を「とりのけ」ておくということは、ものを考える上でとてもたいせつなことじゃないかと僕は思っています。

＊

この本のもとになった授業は、神戸女学院大学で二〇〇七年に行われた「メディアと知」という題名の大学二年生対象の入門講義でした。ですから、二〇歳くらいの女子大生が知っていそうな具体例を挙げて、彼女たちにも理解可能なロジックを使って、メディアについて語りました。

相手が黙って話を聴いているだけ、という状況でも「双方向性」というのは担保されると僕は思っています。だって、こちらの話が「自分たちを聴き手に想定していない」ということに気づいた瞬間に、学生たちは寝ちゃいますから。学生たちを寝かせないで九〇分間話を聴かせるというのは、けっこうな力業です。そのためには、この話は「君たち自身の身に今起きていることだ」という切迫感を持っていただくことがどうしても必須です。

ですからこの授業では、メディアの現状について概論的なことを述べるということはしておりません。そうではなくて、メディアの現状――それは現代では「メディアの不調」ということとほぼ同義です――はとりもなおさずその当のメディアの中に四六時中埋没している僕たち現代日本人の知性の不調と同期しているという話だけをしました。

メディアの不調はそのままわれわれの知性の不調である。

そういうふうに言ってよいかと思います。メディアが集中豪雨的に論じる論件については僕たちも選択的に詳しい。けれども、メディアが扱わないトピックについてはほとんど何も知らない。メディアが繰り返す定型《ていけい》的なフレーズは苦もなく再生できるけれど、メディアでは誰も口にしたことのない言葉づかいや、誰も用いないロジックは、そんなものがあることさえ知らない。

メディアの不調と僕たちの知性の不調が同期的であるとすれば、まるで他人事について語るように、鳥瞰《ちょうかん》的な立場から「現代メディアは……」というようなことが軽々《けいけい》に言えるわけがない。言ってもいいですけれど、その場合の「現代メディアは……」という批評の言葉は、現代メディアで垂れ流しされている定型的な「現代メディア批判」のワーディングを機械的に反復したものにしかならない。僕はそう思っています。

メディアについて批評的に語るということは、何よりもまず、現にメディアを通じて定型化・常套句《じょうとうく》化しているメディア批判の言説から一歩離れて、軽々にそれを繰り返さないということです。そこからしか話は始まらない。

でも、これは言葉にしてはこんなふうに簡単に言えますけれど、実際にやるのはむずかしいことです。

＊

この授業を受けていた学生たちはまだ一九歳か二〇歳くらいです。ほとんど「メディアの虜囚《りよしゆう》」と言って過言でないくらいに、メディアに知性も感性も、価値観も美意識も支配されている年齢です（気の毒ですけど）。その彼女たちが「メディアを論じる」ためには、彼女たち自身に深々と血肉化している、ものの見方、感じ方、言葉のつかい方、美醜や適否の判断基準そのものを反省的に主題化しなければならない。子どもの頃からメディア経由で大量に浴び続けてきたせいで彼女たち自身のうちにすでに内面化された無数の「臆断《ドクサ》」から身を振りほどかなければならない。その作業は場合によっては自分の皮膚を剥《は》がすような痛みを伴うかもしれません。そう申し上げると、この授業がかなり困難な課題に応えようとしたものだということがおわかりいただけるでしょう。

授業内容を採録するに際して、いつものように大幅に改稿しました。ですから、もう授業のときの実際のやりとりはほとんど原型をとどめておりません。それに、どんどん書き足していったので、いくつかの講義は、どう考えても九〇分の授業でそんなに長くしゃべれるはずがないくらいの分量になっています。でも、僕があの授業で言いたかったことは「こういうこと」なんだよ、ということは当時の学生たちにも「なるほどね」と頷《うなず》いていただけると思います。

ではまた「あとがき」でお会いしましょう。

目次

第一講

キャリアは他人のためのもの

仕事をするとはどういうことか

みなさん、こんにちは。この授業の第一講のお題は「キャリア教育」です。

どうして、メディア論の授業がキャリア教育論から始まるかというと、この「メディアと知」という授業はキャリア教育プログラムの一環だからです。僕のこの入門的概論の後に、江弘毅《こうひろき》さんの「プレゼンテーションの技法」、関川夏央《なつお》さんの「プロフェッショナル・ライティング」、それから難波江和英《なばえかずひで》さんと僕の共同演習「メディア・コミュニケーション実習」と続きます。その四学期にわたるプログラムのこれが第一学期です。

列挙した科目をご覧になればわかる通り、このコースの履修者は「これからメディアの世界でキャリア形成することを希望している」学生さんたちを想定しています。そういう学生さんたちに対して、メディアで働くための「心構え」のようなものをご教示しようではないか、と。そういう趣向の講義です。

今日はその第一回ですので、「キャリア教育」とは何かという一般的な論点についてお話をいたします。

みなさんは今二年生ですが、来年三年生になると、それぞれに学科の主専攻というものを選択することになります。ゼミを選んで、そこでゼミの先生からいろいろとご指導をお受けになる。でも、主専攻とその後の就職先というのは、実はあまり関係がないんです。動物生態学をやっていた人が金融機関に就職したり、声楽をやっていた人が旅行代理店に行ったり。主専攻とキャリアはほとんど関係ない。

僕は別にそれでも構わないんじゃないかと思っています。どうして構わないと思っているか、その話をこれからいたします。

いま文科省は「キャリア教育というのをちゃんとやりなさい」とうるさく大学に通達をよこしています。どうしてそんな通達が来るかというと、大学を卒業して就職した人たちが、職場に合わないからとか仕事が気に入らないからとか言って、すぐに辞めたり、そもそも就職活動をせずに、卒業した後そのままニート化する傾向があるからです。それでは行政的には困るようです。消費も冷え込むし、税収も減るし、年金の原資も足りなくなるし、少子化傾向も止まりませんからね。

そういうわけで、とにかく若い人たちが「定職に就いてばりばり働こう」という気になるような指導をして欲しいということを行政のほうからつよく要望されているわけです。

そのためには、まず「どうして人間は労働をせねばならぬのか」という原理的なことを学生さんたちにご理解いただかなければならない。それと、「どういう仕事が世間にはあるのか」「それぞれの仕事はどういう適性や資質を求めているのか」といった実際的なことも、学生さんたちには知ってもらいたいようです。

最初に言っておきますけれど、「キャリア教育」なんてものは、昔はなかったんです。卒業したら就職するのが当たり前だったし、とりあえず就職したら「石の上にも三年」で、多少職場の人間関係がストレスフルでも、それは我慢して、だんだん職場になじんでゆくということをみんなふつうにやっていた。でも、そういうことがだんだんできなくなってきた。

最近では、就活は二年生の秋に始まります。長い人は卒業間際まで、二年半近く就活をやっていますね。大学生活の半分以上を就活に割いている。それほど苦労して入社したのに、三ヶ月で「こんな仕事したくて会社に入ったわけではありません」と言ってぷいと辞めてしまう。これはずいぶんもったいない時間の過ごし方だと思います。そんな無駄なことのために大学教育のたいせつな部分を浪費して欲しくない。

では、そういうことをしないで済ませるにはどうしたらよいか。

僕としてはですから講義の最初に「仕事をする」とはどういうことかという原理的なこと

についてひとこと申し上げておきたいと思います。第一講はその話です。

「適性」ってなんだ

就職活動を始めるときに、みなさんは最初に「自分の適性」ということを考えます。そして、適性にふさわしい「天職」を探し出そうとする。自分の適性がよくわからないと仕事が探せないということになっていますので、本学では「適性テスト」というのをみなさん全員が受けます。

でもね、いきなりで申し訳ないけれど、この「適性と天職」という発想そのものが実は最初の「ボタンの掛け違え」だと僕は思います。「適性と天職」幻想にとらえられているから、キャリアを全《まっと》うできなくなってしまう。僕はそう思います。

勤め始めてすぐに仕事を辞める人が口にする理由というのは、「仕事が私の適性に合っていない」「私の能力や個性がここでは発揮できない」「私の努力が正当に評価されない」、だいたいそういうことです。僕はこの考え方そのものが間違っていると思います。仕事っていうのはそういうものじゃないからです。

みなさんの中にもともと備わっている適性とか潜在能力があって、それにジャストフィットする職業を探す、という順番ではないんです。そうではなくて、まず仕事をしているうちに、自分の中にどんな適性や潜在能力があったのかが、だんだんわかってくる。そういうことの順序なんです。

みなさんはまだ学生ですから、自分にどんな適性や潜在能力があるのか、知らない。知らなくて当然なんです。知らなくてもぜんぜん構わないと僕は思っています。自分が何に向いているか知らないままに就職して、そこから自分の適性を発見する長い長い旅が始まるんです。

就職というのはその点で「結婚」と似ています。

みなさんは、結婚というのはまず「自分にぴったりした配偶者に出会うこと」から始まると思ってますでしょう。それが間違いなんです。そうじゃないのね。「まず結婚する」んです。そこから話が始まる。結婚してみないと、自分がどういう人間なのか、そもそも結婚に何を求めているのかなんて、わからないものです。結婚してはじめて、自分の癖や、こだわりや、才能や、欠陥が露呈してくる。「ああ、オレって『こういう人間』だったんだ」ということがわかる。

僕が自分は「こういう人間」なのかということが身にしみてわかったのは、結婚して七年してからでした。七年経ったときに、子どもが生まれました。それまで自分が親になるなんて想像したこともなかったから、すごく不安でした。だいたいそれまでも小さい子どもにぜんぜんなつかれなかったので、自分のことを漠然と「子ども嫌い」な人間だと思っていた。

でもまあ、自分の子どもだから、やるべきことだけはきちんとやろうと思って育児に取りかかった。そしたら、子どもが生まれて数週間したくらいですかね、もう雷撃に打たれるように壮絶な「父性愛」に目覚めてしまったんですね。子どもを見ていると、もうそれだけでぼろぼろ涙が溢れてくる。かわいくて。この子のためなら死んでもいい、と。「お前が命を差し出せば、引き換えにこの子を救ってやる」と言われたら、「ほいほい」とためらわず死ねるくらいに、子どもがかわいかった。

びっくりしました。自分にこんなに激しく、深く人を愛する能力があるなんて知らなかったから。それまで「ウチダは冷たい奴だ」「ウチダはエゴイストだ」ってずっと言われていたので、こんな無防備なくらいにイノセントな感情が自分の中にあるなんて、思ったことがなかった。考えてみれば当たり前ですけれど、子どもを持ってみないと「親になる能力」が自分にあるかどうかなんて、わからない。

でもね、それだったら、結婚も、就職も一緒だということも想像がつくと思うんです。結婚してみないと、配偶者としての能力や資質が自分にあるかどうかなんてわからない。どれほど相手を愛することができるか、わからない。不安でしょうけど、結婚したあと幸福になるか不幸になるかは、結婚する前にはわからない。それは結婚生活の幸福は自然過程じゃなくて、自力で構築するものだからです。

能力は開発するもの

結婚は入れ歯と同じである、という話があります。これは歯科医の人に聞いた話ですけれど、世の中には「入れ歯が合う人」と「合わない人」がいる。合う人は作った入れ歯が一発で合う。合わない人はいくら作り直しても合わない。別に口蓋《こうがい》の形状に違いがあるからではないんです。マインドセットの問題なんです。

自分のもともとの歯があったときの感覚が「自然」で、それと違うのは全部「不自然」だから厭《いや》だと思っている人と、歯が抜けちゃった以上、歯があったときのことは忘れて、とりあえずご飯を食べられれば、多少の違和感は許容範囲内、という人の違いです。自分の口に合うように入れ歯を作り替えようとする人間はたぶん永遠に「ジャストフィットする入れ歯」に会うことができないで、歯科医を転々とする。それに対して、「与えられた入れ歯」をとりあえずの与件《よけん》として受け容れ、与えられた条件のもとで最高のパフォーマンスを発揮するように自分の口腔《こうくう》中の筋肉や関節の使い方を工夫する人は、そこそこの入れ歯を入れてもらったら、「ああ、これでいいです。あとは自分でなんとかしますから」ということになる。そして、ほんとうにそれでなんとかなっちゃうんです。

　このマインドセットは結婚でも、就職でも、どんな場合でも同じだと僕は思います。最高のパートナーを求めて終わりなき「愛の狩人」になる人と、天職を求めて「自分探しの旅人」になる人と、装着感ゼロの理想の入れ歯を求めて歯科医をさまよう人は、実は同類なんです。僕がこのキャリア教育科目でみなさんにぜひお伝えしたいのは、このことです。

　もう一度言いますね。与えられた条件のもとで最高のパフォーマンスを発揮するように、自分自身の潜在能力を選択的に開花させること。それがキャリア教育のめざす目標だと僕は考えています。この「選択的」というところが味噌なんです。「あなたの中に眠っているこれこれの能力を掘り起こして、開発してください」というふうに仕事のほうがリクエストしてくるんです。自分のほうから「私にはこれこれができます」とアピールするんじゃない。

今しなければならない仕事に合わせて、自分の能力を選択的に開発するんです。

それはぼくが子どもができたせいで「父性愛」を開発したのと同じプロセスです。よく考えればわかりますけれど、子どもがいない段階でテンションの高い「父性愛」なんか持っていても、意味がないんです。意味がないというよりむしろ有害でしょう。「ああ、早く父親になって死ぬほど子どもをかわいがりたい」なんて思っている男って、いたら気持ち悪くないですか。

そういう人は当然ながら、自分に子どもがいないことを「欠如」というふうにとらえている。だから、早く父親になりたくてイラついている。結婚しても妻に「早く子ども産めよ」と八つ当たりしたり、我慢できなくなって、近所の可愛い子どもを誘拐したりするかもしれない。

それよりは、子どもが生まれるまでは父性愛は発動しないで、まるでそんな資質がないようにふるまっていて、子どもが生まれた瞬間に「スイッチ」がオンになるというほうが、生物のシステムとしてはずっと合理的だし効率的だと思います。

子どもを育てて自分のDNAを次代に残すことは生物にとって最優先課題ですよね。それほど重要な能力でさえ、必要になったときにしか発動しない。それ以前に仮に「親になるための適性テスト」なんかやっても（「あなたは赤ちゃんのうんちを手で触れますか？」とか）、たぶん父性愛なんか検知できないと僕は思います。

他者という力

育児以外のことについても話は同じだと僕は思っています。その能力が必要とされたときにはじめて潜在能力は発動する。

外国語がそうです。なんとなく英会話学校に通ってもたぶん英会話能力は開発されない。必要がないから。街で外国人に英語で道を聞かれたときに困るから、というような理由で英会話始めても、むりですよ。僕だって街でいきなり英語で話しかけられたことなんか、生まれてから一回しかないですもの。村上春樹さんがこう書いてます。

「外国語というのは必要に迫られればある程度は話せるようになる。逆に言えば、必要に迫られなければまず駄目だ。これはとても単純な結論だけれど、厳然たる真実です。必要に迫られれば人間の体内には特殊な分泌液のようなものが溢れ出てきて、それが集中力をかきあつめて語学の習得を可能にするのではないかと僕は想像しているのだが、その科学的な真偽は定かではない。[*1]」

僕の友人で学芸員をやっているオオタくんは、フランス留学から帰ってきたらフランス語運用能力が一気に向上していました。何があったの、と訊《き》いたら、パリで奥さんが出産して、そのときの病院から法外な治療費を請求され、それをめぐるタフなネゴシエーションをしているうちに、脳内で何かケミカルな異変が起きて、突然フランス語がすらすらと出てくる人間になったそうです。たぶん、そういうものなんでしょうね。

このことから知られるのは、潜在能力が爆発的に開花するのは、自分のためというよりは、むしろ自分に向かって「この仕事をしてもらいたい」と懇請《こんせい》してくる他者の切迫だということです。父性愛を何よりも必要としているのは、親の支援と保護がなければ生きていけない子どものほうです。子どもの側からの「ケアしてください」という懇請に応えて、僕たちは「親の愛情」というものを発動させる。まず「親としての適性」があり、それを全面開花させるために子どもを作るわけではありません。

「潜在能力を選択的に開花させる」というふうに先に書いたのは、そのことです。開花する才能は自分で選ぶものではありません。この能力が開花したら、金が儲かるとか、権力や威信が手に入るとか、人に自慢できるとか、そういう利己的な動機に賦活《ふかつ》されて潜在能力は発動するわけではない。もちろん、そういうエゴイスティックな動機づけも才能の開花にはいくぶんかは役に立つかもしれません。でも、そんな「せこい」動機では、潜在能力の全面的かつ爆発的な開花というようなカラフルな出来事は起こりません。人間が大きく変化して、その才能を発揮するのは、いつだって「他者の懇請」によってなのです。

自分の能力について人は知らない

よく「ポストが人を作る」と言いますけれど、ほんとうにそうなんです。「ポスト」というのは言い換えれば「他者からの期待」ということです。こういう能力を持つ人が、こういうクオリティの仕事を完遂《かんすい》してくれたら「ありがたいな」という周囲の人々の期待がポストに就いた人の潜在能力を賦活する。

仕事について考えるときに、ことの順番を間違えてはいけないというのはそのことです。「自分が何をしたいか」「自分には何ができると思っているか」には副次的な意味しかありません。こと生得的才能に関しては、自己評価ほど当てにならないものはありません。

奇妙な話ですが、天才的な素質に生まれついた人は、それが周囲の人から見てどれほど例外的に卓越した能力であっても、自分ではそれを「あまりたいしたことないものだ」と思っています。生まれてからずっとそうだから。勉強でもスポーツでも芸術でも、こういうことは「できて当たり前」だと思っている人に「すごい能力ですね」と言っても、「はあ」という程度の反応しかない。そういう人は逆にあまり生得的な能力のない分野について「こういうことをしたい」という、いささかお門違いの夢を持っていたりする。

アーサー・コナン・ドイルが『シャーロック・ホームズ』の印税を惜しげもなくスピリチュアリズムの伝道活動に投じたのとか、アイザック・ニュートンが真のライフワークは錬金術とバイブル・コード（聖書に隠された暗号）の解読だと思っていたのはその好個の適例です。コナン・ドイルがシャーロック・ホームズの連作を書き続けたのは、「書いてくれ」という読者の強い要請があったからです（本人はもう書くことにうんざりしていたらしいです）。でも、書こうと思えばいくらでも書けるから、それが際立った才能だということにコナン・ドイル自身は気づかない。それよりは、心霊主義の伝道のほうを「神が定めた自分の天職」だと思っていた。「天職がある」という信憑《しんぴょう》は、かの天才たちの判断をさえ曇らせたのです。

天才でさえ勘違いするんですから、われわれ凡人が「ほんとうにしたいこと」や「自分の天職」で勘違いすることはまず不可避である、と。そう申し上げてよろしいかと思います。そんな「内面の声」に耳を傾ける暇があったら、まわりの人からの「これ、やって」というリクエストににこやかに応じたほうがいい。たいていの場合、自分の能力適性についての自己評価よりは、まわりの人の外部評価のほうが正確なんです。「これ、やって」というのは「あなたの例外的な潜在能力はこの分野で発揮される」という先行判断を含意しています。そういう言葉には素直に従ったほうがよい。

キャリア教育の大間違い

以上、キャリア教育の原則的なことについて、僕の意見を申し上げました。ふつうのキャリア教育で語られていることとまったく正反対のことを言っているように聞こえると思いますけれど、実際に正反対なんです。僕は今の行政主導で行われているキャリア教育というのは、まったくキャリア教育として役に立たないと思っています。今の行政のキャリア教育の大枠というのができたのは、少し前の中教審答申からですけれど、基本のスキームは「自己決定・自己責任」論と、「自分探し」論です。

日本社会は集団主義だからダメだ。グローバリゼーションの時代、世界各国が経済的な生き残りをかけて競い合う「メガ・コンペティション」の時代なんだから、「みんなで仲良く」なんてのんきなことを言っていたら取り残される。これからはひとりで決定し、ひとりで責任を負い、リスクを取り、利益も独占する、そういうタイプの「強い個人」を教育機関は輩出せねばならない、と。そういう教育観が語られました。今はもうずいぶん温度が下がったと思いますけれど、小泉純一郎政権の末期まではそういう考え方が主流でした。その中でさまざまな教育改革が立案され、施行されたのです。キャリア教育もその一つです。

それは要するに「競争に勝ち抜く人間になれ」ということに尽きたわけです。もっと自己教育しろ、もっと知識や技術を身につけろ、資格や免状を手に入れろ。自己利益を安定的に確保したいと思ったら、もっとまじめに勉強して、がつがつ就活して、ばりばり働け。そういうふうに言う人がたくさんいました（残念ながら、うちの大学にも）。

僕はそういうのは大学でやることじゃないと思っています。教育の場に長くいた人間として、僕が経験的に言えることは、先ほども申し上げたように、人間の潜在能力は「他者からの懇請」によって効果的に開花するものであり、自己利益を追求するとうまく発動しないということです。平たく言えば、「世のため、人のため」に仕事をするとどんどん才能が開花し、「自分ひとりのため」に仕事をしていると、あまりぱっとしたことは起こらない。

呼ばれる声を聴け

いま支配的な教育観は「自分ひとりのため」に努力する人間のほうが「人のため」に働く人よりも、競争的環境では勝ち抜くチャンスが高いという判断の上に成り立っています。私利私欲を追求するとき人間はその資質を最大化する。隣人に配慮したり、「公共の福利」のためにに行動しようとすると、パフォーマンスは有意に低下する（「嫌々やらされているから」）。それが現代日本において支配的な人間観です。

だから、子どもたちの能力を上げようとしたら、とにかく苛烈《かれつ》な競争の中に叩き込めばいいと教育行政の人たちは考えている。評論家たちも、メディアもそう言い募《つの》っている。学習成果を数値的に公開する。順位格付けに一喜一憂させる。勝った人間には報酬を、負けた人間には罰を与える。勝者が「総取り」し、敗者には何も残さない。そういう「弱肉強食」型のストレスをかければ、子どもたちは生き残りをかけてめちゃめちゃに勉強するようになるだろう、と。教育を論じる人たちはそういうふうに考えてきた。

でも、やってみたら、そうはならなかった。なるはずがないんです。繰り返し言うように、人間がその才能を爆発的に開花させるのは、「他人のため」に働くときだからです。人の役に立ちたいと願うときにこそ、人間の能力は伸びる。それが「自分のしたいこと」であるかどうか、自分の「適性」に合うことかどうか、そんなことはどうだっていいんです。とにかく「これ、やってください」と懇願されて、他にやってくれそうな人がいないという状況で、「しかたないなあ、私がやるしかないのか」という立場に立ち至ったときに、人間の能力は向上する。ピンポイントで、他ならぬ私が、余人を以《もっ》ては代え難いものとして、召喚された、という事実が人間を覚醒に導くのです。

宗教の用語ではこれを「召命《しょうめい》」(vocation)と言います。神に呼ばれて、ある責務を与えられることです。でも、英語の vocation にはもう一つ世俗的な意味もあります。それは「天職」です。calling という言葉もあります。これも原義は「神に呼ばれること」です。英和辞典を引いてください。これにも「天職」という訳語が与えられています。

「天職」というのは就職情報産業の作る適性検査で見つけるものではありません。他者に呼ばれることなんです。中教審が言うように「自己決定」するものではない。「他者に呼び寄せられること」なんです。自分が果たすべき仕事を見出すというのは本質的に受動的な経験なんです。そのことをどうぞまず最初にお覚え願いたいと思います。

第二講

マスメディアの嘘と演技

後退するメディア

こんにちは。二回目の授業です。前回はキャリア教育の話だけで終わってしまって、メディアの話にはぜんぜん入れませんでした。どうもすみません。今日はちゃんと本筋の話に戻します。

この半期の授業で僕が取り上げてみたいトピックはいくつかあります。

第一が「マスメディアの凋落《ちょうらく》」。日本のメディア業界は、新聞も、図書出版も、テレビも、音楽産業も、きわめてきびしい後退局面に入っております。ビジネスモデルが一変してしまった。どういうふうに一変したのかについては、これからじっくり見てゆきたいと思いますけれど、とにかくもう業界的には「先がない」。気の毒ですけれど。

みなさんの中には、これからメディア業界に就職して、そこでのキャリア形成を構想されている方も多いわけですから、その方たちには最初から冷水をかけるようで、ほんとうに申し訳ないんですけれど、どうぞご勘弁ください。でも、いったいどうして、こんなことになってしまったのか。これはぜひ解明しなければならないと思います。

僕は実はもう何年も前からほとんどテレビというものを見なくなっています。一九六一年にわが家にテレビが来て以来約半世紀にわたって、それこそ貪《むさぼ》るようにテレビを見続けてきた筋金入りの「テレビっ子」であった僕がどうしてここに来てぱたりとテレビを見なくなってしまったのか。テレビの何が変わってしまったのか。あるいは僕の情報環境に何か大きな変化があったのでしょうか。それについても考えてみたいと思います。

テレビとの比較で言うと、ラジオというメディアは、今もわりと好きです。テレビには出ないけれど、ラジオは頼まれれば出ますし、それどころかウェブ・ラジオというちょっと変わった形態ではありますけれど、友だちの平川克美《かつみ》くんと月一の対談番組さえ持っています。どうして、テレビはダメなのに、ラジオはいいのか。「画像と音」と「音だけ」という以外に、テレビとラジオでは、メディアとしてどういう本質的な違いがあるのか。これも考えてみたい論件です。

第二の論点は、もし、マスメディアが没落してゆくのだとしたら、いったいそれに代わって、どのようなメディアモデルが登場してくるのか、というものです。「マス」メディアに代わるのは「パーソナル」メディアではなくて、その中間の「ミドル」メディアだろうという意見があります。面白い考え方だなと僕も思います。この「ミドルメディア」とはいったいどういうもので、「大規模メディア《マス》」に対してなぜ「個人的メディア《パーソナル》」ではなく、「中間的《ミドル》メディア」に利があるとされるのか。それについても考えてみたい。

第三の論点もそれと関連するものですけれど、「インターネットとメディア」。メディアのビジネスモデルの地殻変動的な変化はもちろんインターネットがもたらしたものです。このインターネットにおけるメディアのビジネスモデルの変化はもう日進月歩を通り越して「分進秒歩」状態です。

ＩＴの世界では「ドッグイヤー」という言葉が一時期よく使われていました。ＩＴの世界では一年間に他の産業における七年分の技術革新が進むと言われていました。でも、今はもう「ドッグイヤー」を超えて「マウスイヤー」くらいになっているかもしれません。ですから、ここでインターネットの話をしても、しばらくしてこの話が活字になる頃は、最先端のトピックだったはずの話が「何、それ、いつの話？」ということになるかもしれません。ですから、できるだけ「そんな簡単には変わらないトピック」を選んで、本質的なことを論じたいと思っています。

第四は「コピーライト」の問題。これもインターネットとかかわりが深いのですけれど、コピーライトは運用のしかたによっては創作活動を妨げることがあると僕は考えています。

その点では「知的所有権」原理主義者と僕はかなり意見を異にしております。

ご存じの通り、僕はネット上に載せたものについては「コピーフリー」を宣言しています。ネット上に僕が発表したものはどなたでもご自由に使って構わない。引用しても、適当に切り貼りしても、盗用して自分の名前で公表しても構わない。僕は自分の個人的意見を世に広めたくてネット上にあれこれ書き込んでいるわけですので、それを引用してくださる方には感謝の気持ちを抱きこそすれ、「真似するな」とか「勝手に引用するな」とかケチをつけるつもりはありません。

コピーライトを盾にとって、「読みたければ金を払え」というような言い方をする人の気持ちには実はうまく共感できない。読んでもらえるなら、お金には副次的な意味しかないと僕は思っています。もちろん、僕のように考える人は圧倒的少数派ですので、僕の考え方の当否を含めて、著作権についても考えてみたいと思います。

第五は「書物」は存続するのかという問いです。書籍という形態での創作物や情報の頒布《はんぷ》は、これからも継続するでしょうか。書物は、続々と登場しているさまざまな電子デバイスに取って代わられてしまうのでしょうか。どうなんでしょう。僕自身は書籍というかたちはなくならないと思っています。書籍という媒体の卓越性と限界について、これも興味深いトピックです。

だいたい、そんなものでしょうか。それだけ論じれば、とりあえず現代におけるメディアをめぐる主要な論点にはだいたい触れることができるのではないかと思います。

今週は最初の論点である「マスメディアの凋落」。これは大ネタですので、週をまたいで論じたいと思います。今日はその「導入部」をお送りいたします。

命がけの知を発信するのがメディア

マスメディアの凋落の最大の原因は、僕はインターネットよりもむしろマスメディア自身の、マスメディアにかかわっている人たちの、端的に言えばジャーナリストの力が落ちたことにあるんじゃないかと思っています。

きびしい言い方ですけれど、ジャーナリストの知的な劣化がインターネットの出現によって顕在化してしまった。それが新聞とテレビを中心として組織化されていたマスメディアの構造そのものを瓦解《がかい》させつつある。そういうことじゃないかと思います。

なんと言っても、メディアの威信を最終的に担保するのは、それが発信する情報の「知的な価値」です。古めかしい言い方をあえて使わせてもらえば、「その情報にアクセスすることによって、世界の成り立ちについての理解が深まるかどうか」。それによってメディアの価値は最終的には決定される。僕はそう思っています。

もちろん、メディアのクオリティを評価する基準はその他にもいろいろなものがあります。速報性、情報の信頼性、ソースへのアクセシビリティ、情報に対する代価の適切性、情報処理に必要とされる端末機材の価格・ポータビリティ・操作の容易さなどなど。それらの点検項目のすべてにおいて他を圧倒しているメディアというのは、今のところありません。どれも一長一短です。

例えば、インターネットは情報処理の利便性において、旧来のマスメディアをはるかに凌駕《りようが》していますけれど、電力の安定供給という条件を不可欠としています。それはつまり社会的インフラが安定している社会でしか「使い物にならない」ということです。革命とか内戦とかいうようなクリティカルな状況になったら、たぶん人々は再びガリ版印刷したビラを配るというような活動を主たる「情報」活動とみなすようになるでしょう。それは印刷物が「危機耐性」が強いメディアであるということを意味しています。

ラジオもそうです。ナチ占領下のヨーロッパ諸国では、どこでも人々がラジオを組み立ててBBC放送で戦況を聴いていました。ラジオの部品は安価で、入手が簡単です。メカ好きの中学生ならはんだごてを操って組み立てることができる。送受信のための装置を、資源の乏しい環境において「手作り」できるかどうかという点で見ると、出版印刷とラジオはその他のメディアに対して、大きなアドバンテージを有しています。

僕は「危機耐性」と「手作り可能性」はメディアの有用性を考量する場合のかなり重要な指標だと思っていますが、現代のメディア論の中では、そのような基準を適用してメディアの価値を論じている人はほとんどいません。僕はひとりも見たことがありません。それより人々は制作コストや広告収入について議論している。

でも、繰り返し言いますけれど、情報を評価するときに最優先の基準は「その情報を得ることによって、世界の成り立ちについての理解が深まるかどうか」ということです。僕はそう信じています。それに尽きると言っていい。

その情報を得ることによって「世界の成り立ち」についての理解が深まるかどうかというのは、天変地異的な破局の現場や、戦闘やレジスタンス活動の現場においては、文字通り命がけのことです。それに比べたら、接続するときの待ち時間が短いとか、時間当たりの通信単価が安いとか、モバイルの重量が何グラム軽いとかいうのは、はっきり言って「どうでもいいこと」です。

「一緒に革命できますか」という判断基準

メディアの価値を考量するときのぎりぎりの判断基準は「よくよく考えれば、どうでもいいこと」と「場合によっては、人の命や共同体の運命にかかわること」を見極めることだろうと思います。そういうラディカルな基準を以てメディアの価値は論じられなければならない。どのメディアが生き残るべきで、どのメディアが退場すべきかがもっぱらビジネスベースや利便性ベースだけで論じられていることに、僕は強い危機感を持っています。

先日、茂木《もぎ》健一郎さんが桑原武夫賞をもらったときに授賞式に遊びに行ったことがありました。そのとき審査委員を代表して選考経過を報告した杉本秀太郎《ひでたろう》さんが、桑原武夫について、こんなエピソードを紹介してくれました。

以前、杉本さんが当時売り出し中のある気鋭の学者について桑原武夫に人物評を請うたことがありました（杉本さんの口ぶりから察するに、世評にはいささか懐疑的だったようです）。「頭のいい男やね」と桑原武夫は言ったそうです。「でも、ぼく、あの男と一緒に革命やろうとは思わん。」

いい話だと思いませんか。

学者を評価するときにはさまざまな価値判断基準があります。学歴や職歴や業績や学会での評価や受賞歴を基準にして評価を下す人もいるでしょう。たしかに「平時」においては、そういう指標で十分です。けれども、「革命」というような危機的状況において（それは「桑原武夫が革命する側にいる」という前提から推して、きわめて抑圧的で権威主義的な体制の下にいるということを意味しています）、学者としてもっとも重要な資質は、「学問の自由を守るために身体を張れる」ということです。どれほど「りこう」でも、権威に迎合して、為政者《いせいしゃ》の気に入る学説を唱え、気骨のある学者たちが弾圧されるのを拱手傍観《きょうしゅぼうかん》しているような学者は、長期的に見れば、人間の知性の発達にとって有害無益の存在にすぎません。

桑原武夫は学者の知性を考量するとき、何よりも「危機耐性」を重んじました。そこに僕は、戦時下の知的荒野を生き抜いてきた賢者の見識を感じます。

ラジオの危機耐性

僕がテレビよりもラジオのほうに親近感を覚えるのは、たぶん権力的なものの干渉に対して、ラジオのほうがテレビに比べてずいぶん自由にふるまえるからではないかと思います。現に、強権や世俗の常識に抗《こう》して戦うラジオ局を描いた映画はいくつもあります。『バニシング・ポイント』（*Vanishing Point*, 1971）で爆走するコワルスキーを応援する盲目のＤＪスーパー・ソウルのラジオ局、『アメリカン・グラフティ』（*American Graffiti*, 1973）でアイスキャンデーなめなめロックンロールをかけつづけるウルフマン・ジャックの放送局、『パイレーツ・ロック』（*Pirate Radio*, 2009）の北海に浮かぶ海賊放送船などなど。

ラジオのこの本質的な反骨性は何より「コストが安い」ということに支えられています。おおがかりな仕掛けが要らない。スーパー・ソウル君のラジオ局はスタッフふたり、ウルフマン・ジャックさんのラジオ局に至ってはひとりでやりくりしています。

ですから、ラジオの収録って、ほんとうに気楽なんです。生放送の三〇分前に集合で、打ち合わせもほとんどなしで、そのまま本番なんていうのはざらで、ある番組ではスタッフふたりが僕の自宅に来て、三人でこたつに入ってお茶を飲みながら収録しました（ＮＨＫの全国放送でした）。平川君とやっているウェブ・ラジオの収録なんかもっとカジュアルです。露天風呂に入ったまま録音したり、麻雀の合間に録音したり（あとのふたりが「はやく終わらせろよ」と後ろでぶつぶつ言っています）、会社でみんなが仕事している横で録音したり。

テレビはそうはゆきません。ビッグビジネスですから。設備もスタッフの数もラジオの比ではありません。莫大《ばくだい》な初期投資が要るし、巨大なシステムですから、一度動き始めたら簡単には方向を変えられないし、動きも止められない。だから、どうしても惰性的になる。決められた時間に、トラブルなしに放送を完了するという基礎的な要請に応えるだけでエネルギーの過半が費やされてしまう。

僕がテレビには出ないことにしている理由の一つは、前にテレビに出たときに（ＢＳのニュース番組だったんですけれど）、スタッフたちが機材と時計だけを見ていて、しゃべっている僕にほとんど視線を向けなかったからです。メディアにかかわる人間が、「とりあえず事故なく放送すること」を優先し、「何を放送するか」については副次的な関心しか持たないというのは、やはりシステムの作り込み方が間違っている。

テレビの場合、放送するためにはお金もかかるし、機材も要るし、人間も要るし、スポンサーや政治家や行政の干渉にも応接しなければならない。だから、「つつがなく放送する」ことそれ自体が自己目的化する。それはやむを得ない。でも、それはシステムとしてはきわめて脆弱《ぜいじやく》だということを意味しています。自動車会社がスポンサーであれば、ドラマの中で自動車事故は起こらないし、酒造メーカーがスポンサーであれば、ドラマにアルコール依存症の人間は出てこない。それはしかたがない。

前に政権与党の政治家たちがＮＨＫのドキュメンタリー番組について、放送前に「事前審査」をしたことがありました。僕はこれも特に非難されるべきことだとは思いません。政治家に睨《にら》まれたら、あとあと予算や法律の運用でテレビ局の首が締め付けられるようにシステムそのものが設計してあるのですから、これはテレビ局が弱腰になるのが当然なのです。それだけテレビというシステムはステイクホルダーが多いということです。あまりに多くの要素が関与しているという事実が、テレビをビッグビジネスたらしめており、同時にそれがテレビの本態的な脆弱性をかたちづくってもいる。問題はテレビメディアの当事者たちに、この巨大メディアの「本態的な弱さ」についての自覚が希薄なように見えることです。

メディアの「危機耐性」とは、端的に言えば、政治的弾圧や軍部やテロリストの恫喝《どうかつ》に屈しないということです。その抵抗力は最終的には「メディアには担わなければならない固有の責務がある」という強い使命感によってしか基礎づけられない。僕はそう思います。使命感のないメディアは弾圧や恫喝や算盤《そろばん》勘定によって簡単にその社会的責務を放棄してしまう。

ですから、僕も桑原武夫に倣《なら》って、「あのメディアとなら一緒に革命がやれると思える」かどうかをメディアの価値を判断するときの最後の基準にしたいと思います（もちろん、日本がこのまま、革命なんか必要のない社会のままであることのほうがずっとありがたいのですが、それでも）。

テレビの存在理由

残念ながら、その基準を適用したときに、いま退場の瀬戸際まで追い詰められているにもかかわらず、当のメディアの側に危機感が感じられない。テレビにも、新聞にも感じられない。テレビ放送を担っている当事者たちから「どんなことがあってもテレビは消滅してはなりません。なぜなら……」という文型で、テレビ有用論の論拠を聴いた覚えが、僕はありません。

「テレビはあって当たり前」だと、たぶん彼らは思っている。テレビが存続しなければならないことの挙証《きよしよう》責任は自分たちにはないと思っている。

だって、彼らがテレビ局に入社するより前からテレビは存在して、広告代理店やメーカーを巻き込んだ巨大な業界がもう出来上がっていたからです。彼らがものごころついたときにはすでに存在したものについて、「それはなんのために存在するのか？　存続する甲斐《かい》のあるものなのか？　存続させるとしたら、どのような手立てを尽くすべきなのか？」というラディカルな問いがありうるということを、当事者たちはたぶん知らない。あるいは知っているけれど、知らないふりをしている。

とりあえずは視聴率が下がったとか、番組製作費が減ったとか、スポンサーが見つからないとか、そういう今日明日の「米びつ」にかかわる問題で手いっぱいで、どうして「こんなこと」になったのか、という根本の問いはニグレクトされたままです。

僕はもちろん「テレビなんかなくなればいい」と思っているわけではありません。なんとしてもテレビには生き延びて欲しい。ＣＭを見る代わりに無償で番組コンテンツを享受できるという民放のビジネスモデルは、二〇世紀のビジネス・イノベーションのうちでもっともすぐれたものの一つだろうと僕は評価しています。

でも、テレビが生き延びるためには、「テレビは生き延びねばならない」ということについて、テレビの作り手、送り手たちが身銭を切って挙証しなければならない。ただ「昨日もあったメディアだから、明日もあるはずだ」というような惰性《だせい》的な説明でテレビの存在根拠を基礎づけることはできません。「テレビ業界にかかわっている人たちの雇用確保」とか、「商品広告機会の減少による消費活動の停滞」くらいでは、存在理由の根拠としてはあまりに不十分です。テレビの人々は「テレビは明日も存在しなければならない」ということを視聴者に納得させなければなりません。そのためには、テレビ視聴者がこれまで聴いたこともないような根源的な「テレビ論」を語らなければならないだろうと僕は思います。

でも、僕たちが見ることのある「テレビ論」は、新聞の提灯《ちょうちん》記事的「番宣」と週刊誌の「辛口テレビ評」の類《たぐい》と「昔のテレビはこんなにワイルドで、活気があった」という「懐メロ」的回顧エッセイくらいです。放送界の自己点検のための業界誌はたしかに存在しますし、僕もそこに寄稿を求められたことがありますけれど、そのようなものを真剣に読んでいる人はごく一部にとどまるでしょう。

でも、僕はこの批評性の欠如はテレビの没落の「結果」ではなく、むしろそれこそが「原因」ではないかと思うのです。テレビの没落はそのテレビ界の人々が、自分たちの情報発信がいったい「なんのためのものなのか」という根本のところについて考えるのを怠ったせいで起きたことではないかと僕には思われるのです。

「聴かないふり」

もう何年か前ですけれど、ある全国紙の「外部紙面批評」を担当していました。そのときに二度、新聞社に呼ばれて、論説委員、編集委員、それからデスクの人たち五〇人ぐらいを前にして紙面批評をしたことがあります。「歯に衣《きぬ》着せず、新聞を批判してください」って頼まれたものですから、思い切り言いたいことを言わせてもらいました。そのときに言ったことの一つが、「なぜ新聞はテレビの批判をしないのか」ということでした。

それは僕が「もうテレビを見ない」と決めた頃のことなんですけれど、いくらなんでも今の日本のテレビ番組はクオリティが低すぎるんじゃないか、と申し上げました。年ごとに放送されているコンテンツの質が下がっている。同時に、新聞を定期購読している人の数が減っているから、「テレビだけがニュースソース」という人の比率は増えている。こういう状況について、新聞はやはり活字メディアを代表して、それなりに厳しい批判を加えるべきではないか、と。二〇一一年にテレビは地上波デジタル放送に大きく変わります。そういう問題に関しても、なぜそういう技術的なシフトが必要なのか。そのシフトに際して、視聴者は相当な額の装置の買い換え負担を強いられるわけですけれど、果たして地上波テレビのコンテンツのためにそれだけの出費をすることは必要なのか、とか。そういう切迫した問題に関しての踏み込んだ分析を新聞で読んだことがない。ということをその紙面批評の席で申し上げました。「なぜ新聞はテレビを批判的に論じないのか」と。

理由の一つは簡単なことなんです。それはテレビ局の多くが新聞社との系列関係にあることです。日本テレビは読売新聞、テレビ朝日は朝日新聞、ＴＢＳと毎日放送は毎日新聞、フジテレビは産経グループ、テレビ東京は日経新聞、というふうに、大手の新聞社はどこも系列のテレビ局と深い利害関係を持っている。新聞社にとって、テレビは「身内」のメディアなんです。だから、新聞がテレビを批判することは経営者的発想に立つとむずかしい。そのことは僕にもわかります。

でも、メディアがメディアについての批判を手控えたら、メディアの質保証は誰がやるんですか。質保証の基本は「ピアー・レビュー」です。同じ専門領域をカバーしている「同僚」（ピアー）による「査定」（レビュー）がもっとも信頼性が高い。だったら、テレビメディアの質をある程度のレベルに維持するのは、他のメディアの責任だと僕は思います。もっとも世論形成に影響力が強いのは今でもまだ新聞なんですから、新聞がテレビの没落をきちんと取材して、そこに至った歴史的経緯と没落の「構造」を究明すべきでしょう。なぜ、それをしないのか。

僕がそう問いかけても、その場に五〇人くらいいた記者たちは何も言わないで、黙っていました。ひとりだけ反論した人がいました。編集委員だか論説委員だかと名乗っていたけれど、その人が立ち上がって、苦笑いをしながら、「あなたは素人《しろうと》だから、そんな気楽なことおっしゃいますけどもね、新聞で『テレビのこの番組は俗悪だ』なんて批判すると、結局その番組の視聴率が上がるだけなんですよ」と言った。

僕はこれを聞いてちょっとショックを受けました。僕が言っているのは、個別的なテレビの番組の良否ではなくて、「なぜテレビはダメになったのか」という構造的な問題にどうして新聞は踏み込まないのかということだったんですけれど、この記者は僕の問いをわざと矮《わい》小《しょう》化して、「俗悪番組をやり玉にあげる」という定型的なテレビ批判に読み替えた。僕が行政やＰＴＡ主導の「俗悪番組つぶし」の論を語っていると意図的に「勘違い」してみせた。そういう批判なら記者たちは対応には手慣れている。鼻先で笑えばいい。でも、僕が問いかけたのはそんなことではありません。「新聞メディアはなぜテレビメディアの構造的な瑕疵《かし》についての分析を回避するのか?」と問うたのです。

「営業妨害」に隠される知の不調

僕だって、新聞記者たちがテレビ批判を手控える理由はわからないわけではないんです。一つにはもちろん「言論の自由」という大義名分がある。どんな「俗悪」なコンテンツであっても、それを放送したいという人間がいて、それを視聴したいという人間がいるなら、それに介入すべきではない。

まして、そこにビジネスが絡《から》んでくる。テレビCMを通じて視聴者の消費行動をコントロールできるとビジネスマンたちが信じている限り、番組とセットでテレビCMを視聴している人間に向かって、どんなろくでもない番組であっても、「見るのを止《や》めなさい」という否定的な介入をすることはできません。言論の自由にもとるだけでなく、「営業妨害」になる(先ほどの新聞記者が言ったのは、「それは営業幇助《ほうじょ》になる」という一回ひねりのロジックでしたけれど、「人の商売に口を出すべきではない」という発想においては、同質のものです)。

どんな劣悪な商品であっても、それを「売りたい」という人と「買いたい」という人の間で合意が形成されている限り、資本主義市場経済においては、それを非とする権利は原理的には誰にもない。

だから、「テレビのことは放っておく」というのが新聞の基本姿勢でした。

しかし、新聞メディアの社会的責務は、社会で起きている出来事のできるだけ多くについて報道し、その背景と由来を説明し、できうるならば今後の展開を予測することです。まして、テレビは世論形成においても、消費行動においても（それを通じての国民の経済活動に）強い影響を行使しているきわめて重要なメディアです。その成り立ちについて、そのメカニズムについて、その利点と欠点について、クリアカットな分析を加えることは新聞の本務の一つではないのですか。

新聞が立場上、テレビの問題を俎上《そじょう》に載せにくいということに無理はないということは僕にもよくわかります。諸般の事情があるのでしょう。でも、「うまく俎上に載せられない」ということと、「そんな問題はないかのようにふるまう」というのは別のことです。「うまく俎上に載せられない」のは単なる知性の不調ですが、「そんな問題はないかのようにふるまう」のはおのれの知的不調を隠蔽《いんぺい》することです。フェイクが一つ入っている。知的な不調からは（きっかけがあれば）回復可能ですが、知的不調を隠蔽する人間は、そこから回復できない。

僕が提起した問いを「聴かないふりをした」ということで、僕は「ああ、新聞はもうダメだな」とそのとき思いました。論説委員、編集委員レベルの記者にこれほど危機感が希薄では、どうしようもない、と。

どんな新聞も裏表紙はテレビ・ラジオ欄ですよね。一面には政治や経済の大ニュースが取り上げてあり、テレビ番組の紹介はそれに準じる扱いを受けている。でも、政治記事や経済記事にはきびしいコメントがつけられるのに、テレビ欄は局からまわってきたプレスリリースがそのまま転載されている。番組評みたいなものもありますけれど、基本的には内容紹介だけの提灯記事です。テレビについては系列局であるか否かにかかわらず、視聴率が上がるようにアシストするというのが新聞のテレビに対する基本姿勢のようです。

世界について嘘をつく新聞

何年か前に、バラエティ番組で虚報事件がありました。「納豆ダイエット」をバラエティ番組が放送した後、人々がスーパーに納豆を買いに走ったせいで、店頭から納豆が消えてしまった。そのダイエット効果の報道そのものが信頼性のないものだったのですけれど、それ以上に問題になったのは放送前に、納豆業界に対してテレビ局からファックスが送られて「今度の放送の後、納豆が大量に売れますから、増産しておくように」という指示があったことです。

そのときに新聞は一斉にテレビの「やらせ問題」を叩きました。でも、僕はそのときにこれはおかしいんじゃないかと思った。どこの新聞の社説にも、「こんなインチキな番組を作って視聴者を騙《だま》す、なんて信じられない」というようなことが書いてあったからです。「それは嘘だろう」と僕は思いました。テレビが「そういうこと」をしているのを新聞記者なら知っていていい、いや、知っていて当然だからです。

テレビはまじめに番組作りをしており、「そんなこと」をするはずがないと記者たちがほんとうに思っていたとしたら、それはあまりにナイーブすぎる。とてもそんなイノセントな人間には新聞記者は務まりません。プロの記者であれば、テレビ局がどんなふうに番組を作っているか、その現場のモラルがどれほど荒廃しているか、テレビ局は制作費を「中抜き」するだけで、実質的な制作を下請けプロダクションに「丸投げ」しており、それゆえ番組内容を十分にコントロールできていないという、今の制作体制について熟知しているはずです。知らないはずがない。

それを知っていたなら、「いずれこういうことが起きる」という警告をあらかじめ発しておくべきだったでしょう。テレビ界の反省をきびしく促しておくべきだったでしょう。しかし、実状を知っていながら、刑事事件になるまで、新聞は「知らないふり」をしていた。それで新聞はメディアの責任を果たしていたと言えるのか。

「無垢」という罪が拡がっている

それ以上に「たちが悪い」と思ったのは、この「知ってるくせに知らないふりをして、イノセントに驚愕《きょうがく》してみせる」ということそれ自体がきわめてテレビ的な手法だったということです。

テレビの中でニュースキャスターが「こんなことが許されていいんでしょうか」と眉間《みけん》に皺《しわ》を寄せて慨嘆《がいたん》するという絵柄は「決め」のシーンに多用されます。その苦渋の表情の後にふっと表情が緩《ゆる》んで、「では、次、スポーツです」というふうに切り替わる。

僕は、自分が狭量《きようりよう》であることを認めた上で言いますけれど、この「こんなことが許されていいんでしょうか」という常套句がどうしても我慢できないのです。「それはないだろう」と思ってしまう。

「こんなことが許されていいんでしょうか」という言い方には「こんなこと」に自分はまったくコミットしていませんよ、という暗黙のメッセージが含まれています。「こんなこと、私はまったく知りませんでした。世の中ではこんなにひどいことが行われているなんて……」という、その技巧されたイノセンスに僕はどうも耐えられないんです。あちらに「バッドガイ」がいて、こちらに「グッドガイ」がいる。この「こんなことが許されて……」という技巧された無垢《むく》、演劇的な驚愕は「グッドガイ」の記号として使われている。

捏造《ねつぞう》番組についての新聞の事件報道や、テレビをはげしくバッシングしている新聞の社説を読みながら、「新聞はすっかりテレビ化してしまったなあ」と思いました。テレビのコメンテーターと社説の口ぶりがだんだん似てきたからです。この先、メディアの信頼性を失わせるような重大な問題が起きたときに、たぶんテレビも新聞も「こんなことが起きるなんて信じられない」という顔つきをしてみせるんだろうと思います。

でも、僕は報道に携《たずさ》わる人間にとっては「こんなことが起きるなんて信じられない」というのは禁句だと思うんです。それは口にすべきではない言葉でしょう。「知らなかった」ということを気楽に口にするということは報道人としては自殺行為に等しいと思うのです。

それは先ほどから繰り返し言っていますように、「世界の成り立ち」について情報を伝えることがメディアの第一の社会的責務だからです。人々が「まだ知らないこと」をいち早く「知らせる」のがメディアの仕事であるときに、「知らなかった」という言い逃れが節度なく濫用《らんよう》される。けれども、「知らなかった」という言葉はメディアの人間としては「無能」を意味するのではないですか。

「知っておくべきことを知らないでいた。たいへん恥ずかしい」と言うなら、わかる。でも、そうではなかった。いずれ「こんなこと」が起きるだろうと実は前から思っていたのだけれど、報道しなかった。でも、「知っていたけれど、報道しなかった」と正直に言ってしまうと、「なぜ報道しなかったのか」と責任を問われる。新聞とテレビの「もたれ合い」の構造そのものが白日の下にさらされてしまう。そのような事態に巻き込まれるのが厭《いや》だから、「知りませんでした。聴いて、僕も驚きました。まさか、『こんなこと』がほんとうにあるなんて……」という芝居をしてみせる。

責任逃れのためとはいいながら、ジャーナリズムが「無知」を遁辞《とんじ》に使うようになったら、おしまいじゃないだろうかと僕は思います。世の中の出来事について、知っていながら報道しない。その「報道されない出来事」にメディア自身が加担している、そこから利益を得ているということになったら、ジャーナリズムはもう保《も》たない。

このようなメディアが好んで採用する「演技的無垢」は、それを模倣する人々の間に社会的な態度として広く流布されました。そして、おのれの無垢や未熟を言い立てることで責任を回避しようとする態度。それはいまや一種の社会的危機にまで肥大化しつつあります。それについても一週を割いてお話しすることにしましょう。それは「クレイマー」という存在についてです。

第三講

メディアと「クレイマー」

クレイマー化するメディア

おのれの無知や無能を言い立てて、まず「免責特権」を確保し、その上で、「被害者」の立場から、出来事について勝手なコメントをする。この「被害者面」が特に目につくようになったのは、この数年です。論説委員が「何も知らされていない市民」の代表のような顔つきで社説を書いている。十分な情報を与えられないまま、一方的に被害に遭《あ》っている「グッドガイ市民」の立ち位置で報道している。それは記事の内容ではなくて、言葉づかいなんですけれど。

でも、僕はメディアが「庶民の代表」みたいな顔つき、言葉づかいをしてみせるのはおかしいだろうと思うのです。現に、そうじゃないんだから。むずかしい大学を出て、たいへんな倍率の入社試験に合格して、自在に現場を飛び回り、潤沢な第一次情報を手にしているジャーナリストが、責任逃れをするときに「無知や無能」で武装するというのは、ことの筋目が違うでしょう。

そうではなくて、「これだけ情報がありながら、適切な推論ができるだけの知性を備えておりながら、それにもかかわらず、この事態を予見できなかったこと」を報道という知的な責務を負託されている者として、まず謝罪するところから話は始まるべきでしょう。別に、儀礼的な謝罪だって構いません。とにかく、メディアのかかわった事件において、まずは「加害者」「有責者」の立場から一言あって然るべきではないのか。「まさか、こんなことが起きるなんて……」と、端《はな》から「被害者」のような顔をしてみせるのはおかしいでしょう。

「まず被害者の立場を先取《せんしゅ》する」というのは、九十年代くらいから日本社会で一般的になったマナーです。「被害者＝政治的に正しい立場」というのは、もともと左翼の政治思想に固有のものですから、フェミニズムやポスト・コロニアリズムの文脈で、そういうマナーが出てくるのはわかるのです。

でも、それはあくまで「マイノリティの立場」「弱者の立場」であることが前提です。

社会的な資源の分配において、あきらかにフェアではないかたちで差別されている人々が「被害者」性を前面に立てて、「被害補償」を「正義の実現」として主張するのは合理的なふるまいです。でも、自力でトラブルを回避できるだけの十分な市民的権利や能力を備えていながら、「資源分配のときに有利になるかもしれないから」とりあえず被害者のような顔をしてみせるというマナーが「ふつうの市民」にまで蔓延《まんえん》したのは、かなり近年になってからのことです。それがいわゆる「クレイマー」というものです。

自分の能力や権限の範囲内で十分に処理できるし、処理すべきトラブルについて、「無知・無能」を言い立てて、誰かに補償させようとする人々がそれです。

被害者であるということが正義？

典型的な例は一九九四年の「マクドナルド・コーヒー訴訟」です。ニューメキシコ州のある女性が、マクドナルドのドライブスルーでコーヒーを買い、クリームと砂糖を入れるために、コーヒーを股《また》にはさんで、蓋を取ろうとしてひっくり返し、太ももからお尻にかけてやけどを負った。この事件で、この女性は、マクドナルドは消費者保護義務を怠ったとして、治療費など八〇〇万ドルの賠償請求をしました。裁判の結果、評決は損害賠償二〇万ドル、プラス「安全性を配慮しないマクドナルド社の不法な行為に対する懲罰的損害賠償として」二七〇万ドル、合計二九〇万ドルの賠償を命じました（その後、和解で六〇万ドルにまで減額されたそうです）。

これを「正義の実現」だと僕はどうしても思うことができません。マクドナルドの熱いコーヒーのプラスティックカップを股の間にはさんで、運転しながら蓋を取ろうとするというのは、ふつうの判断力のある人間ならしない。そんなことをしたら高い確率でコーヒーがこぼれるというリスク予測は誰だってできる。それを予見できなかったと訴えることによって、加害と被害の関係が発生し、被害者は補償を要求でき、かつ「正義」の立場に立つことができる。自分の無知と無能、言い換えれば、市民的未成熟を公表することによって物質的・倫理的優位性を得ることができる。

それが九〇年代になりアメリカから日本に入ってきて、ありとあらゆる場面で「とりあえずダメモトでも、被害者の立場を先取りしようとする人々」を組織的に生み出しました。それが「クレイマー」です。

ちょっと愚痴を言わせてもらいますけど、僕も大学の管理職という立場上さまざまなクレイマーに対応しなければなりません。ひどいのが多いんですよ。

卒業単位の計算を間違えて、卒業できなくなったという学生が毎年います。自分のミスですから、ふつうは黙って留年します。でも、中には卒業単位の計算を間違えたのは、単位についての学習便覧の説明が「わかりにくい」せいである、「誰にでもわかるような記述」義務を怠った大学に責任があると言い立ててくる人もいる。中には弁護士を立てて大学を訴えるぞと脅した人もいます（もちろん口先だけでしたが）。

フランス語の授業を担当していたときには、「フランス語を一科目落としたくらいで卒業させないとはどういうわけだ」と怒鳴り込んできた親がいました。「フランス語くらいのことで、ひとりの人間の一生を台無しにする気か」と言われました。ほんとうにそう思って言っているのだとしたらあきらかに正気を失っているわけですから、たぶんダメモトで一応言ってみるということをされているのだろうと思います。

正当化される無責任な「権利」

僕が先ほど来《らい》、「被害者面」が問題だと言っているのは、日本のマスメディアが一貫して「クレイマー」の増加に加担してきたと思うからです。

二〇〇五年に大阪で、小学校に男が乱入して、教職員が殺傷された事件がありました。事件後に開かれた緊急保護者集会から出てきた保護者に取材したある記者はその様子をこう伝えました。

「市教委や学校からは事件を防げなかったことへの謝罪はなく、保護者らは終了後、怒りと不信感をぶつけた。（……）集会後、ある父親は『学校も教育委員会も一言も謝罪しない。悪いのは犯人だが、管理責任だってある。腹が立つ』と話した。[*2]」

この報道のしかたはおかしいと僕は思いました。仮にも教職員が身を挺《てい》して子どもを守り、ひとりが死んで、ふたりが重傷を負ったのです。そのおかげで子どもたちにはけが人が出なかった。その事件の直後に保護者が口にすべき言葉ではないでしょう。まず語るべきは、死傷した教職員に対する悔やみと感謝の言葉ではないのですか。「教員たちの不十分な管理のせいで子どもが危険にさらされた被害者」の立場から管理責任に腹を立てるより先に、「教員たちの献身的な努力のおかげで子どもたちが危険から守られた受益者」の立場からまず感謝の言葉を述べるのが筋目ではないですか。

実際にその保護者がどんな言葉を口にしたのか、この記事からだけではわかりません。最初にお悔やみの言葉を言った後に、こう続けたのかもしれない。この父親がほんとうはどんな気持ちで何を言ったのか、それもわかりません。でも、この記事を読んだ読者の多くは、「なるほど、こういう場合には、とりあえず被害者の立場から責任者を糾弾《きゅうだん》するのが政治的に正しいふるまいなのだ」ということを学んだであろうことは確かです。

何年か前に、「はしか」が流行したことがありました。感染者が出ると、学校は休校措置を取ります。学校伝染病ですから、そうすることが法律で決まっている。うちの大学でも発病者が出ました。発症したものが学内寮の寮生だったので、閉鎖空間である寮での感染の拡大を避けるために、寮生たちには帰省と自宅待機が命じられました。その間も授業はふつうに続けられました。

一週間ほどの待機期間が終わって、寮が再開された後に、ある寮生の親から電話があって、「休んだ間に受けられなかった授業についての補償を大学はどういうかたちで行うのか」と訊ねてきました。私はしばらく意味がわかりませんでした。自宅待機は「伝染病の感染を防ぐ」という公共的な目的のための措置であって、寮生である彼の娘はこの措置によって「病の感染機会から隔離される」というかたちですでに「受益」したと私は考えていたからです。でも、この親は「はしかに感染しなかったこと」は「利益」にはカウントせず、学校伝染病の拡大を阻止する公的措置がもたらした学習機会の喪失だけを「損失」にカウントした。そして、その補償を、補講あるいは授業料の一部還付というかたちで行うことを大学に要求したのです。

公的な措置によって、私人がその利益を守られたことについては「当然の権利」であるとして無視し、多くの人の利益を守った公的措置によって生じた「コラテラル・ダメージ」については、被害者の立場から補償を要求する。これが「クレイマー」たちに共通する発想法です。

大学がきびしい卒業判定を行うのは、それによって学士号の質保証を行い、卒業証書の持つ価値を高く保つためです。「大卒」の相対的なプレスティージを学士たちが享受できるようにきびしい卒業判定をしているのです。ところが、「フランス語くらい、落としてもいいじゃないか、卒業させろ」と私に言ってきた親は、卒業証書が所持者の知的な質を保証することは「当然の権利」として要求しておきながら、それゆえになかなか簡単には卒業させてくれないことについては、これを「被害」事実として語ろうとする。その矛盾にご自身は気づいていない。どれもそうなんです。自分が市民的に享受している利益は「当然の権利」であり、それについては少しも「負債感」を持っていない。しかし、自分の私益が侵害された場合にはうるさく言い立てる。

「ありがとう」が言えない社会

給食のときに「いただきます」と言うことに抗議した親がいたそうです。自分は給食費を払っている。誰にも負債はない。なのに、どうして「いただきます」と礼を言わなければならないのか、という理屈でした。

この人は「衛生的に調理され、栄養学的に配慮された、そこそこ美味しい食物」が定期的に食べられる機会を「ありがたいこと」、文字通りに「確率的に低いこと」だとは考えていないのです。人類史を振り返れば、そのような機会に恵まれた人類は全体の一％にも満たないでしょう。「給食を食べる」という現事実は、食物の生産・流通システムの整備、公教育思想の普及、食文化の深まりといった無数の「前件」の結果、はじめて可能になったものです。その先人たちの積み重ねてきた努力の成果を享受している現実に対しては「ありがたいなあ」と思うのがふつうでしょう。

もちろん、子どもはそんなこと知りませんから、なんの感謝の気持ちも抱かないで、「げ、まずい」とか言って食べ残しているということはあるでしょう。それはしかたがない。子どもですからね。でも、親がそれではまずい。大人というのは子どもじゃないんですから。大人というのは、最低限の条件として「世の中の仕組みがわかっている」ことを要求されます。ここでいう「世の中の仕組み」というのは、市民社会の基礎的なサービスのほとんどは、もとから自然物のようにそこにあるのではなく、市民たちの集団的な努力の成果として維持されているという、ごくごく当たり前のことです。現に身銭を切って、額に汗して支えている人たちがいるからこそ、そこにある。

でも、それを忘れて、「そういうもの」はそこにあって当然であると考える人たちが出てきた。「そういうもの」が存在し続けるためには、自分がその身銭を切って、自分の「持ち出し」で市民としての「割り当て」分の努力をしなければならないということをわかっていない人たちが出てきた。それが「クレイマー」になった。

彼らのような未成熟な市民たちが大量に生み出されたことによって、日本の市民社会のインフラの一部は短期間に急速に劣化しました。特に、医療と教育がそうです。どちらも制度的な崩壊の寸前まで来ています。

それは医療と教育という、人間が育ち、生きてゆく上でもっとも重要な制度について、市民の側に「身銭を切って、それを支える責任が自分たちにはある」という意識がなくなったからです。市民の仕事はただ「文句をつける」だけでよい、と。制度の瑕疵をうるさく言い立て、容赦ない批判を向けることが市民の責務なのである、と。批判さえしていれば医療も教育もどんどん改善されてゆくのである、と。そういう考え方が社会全体に蔓延したことによって、医療も教育も今、崩れかけています。

そして、この医療崩壊、教育崩壊という事実にマスメディアは深くコミットしていました。メディアはこの制度劣化について重大な責任を負っていると僕は思います。これについては長い話になるので、また来週。

第四講

――「正義」の暴走

煽《あお》られる利害の対立

クレイマーというこの「集合的な病」の発生と拡大に、日本のマスメディアは深くコミットしてきたと僕は思っています。なぜ、医療崩壊や教育崩壊にマスメディアは無意識のうちに加担してしまったのか。今日はその理路《りろ》について考えてみたいと思います。

学生のみなさんは、医療崩壊の現状など、あまりご存じないでしょう。それほど興味もないかもしれません。けれども、実際に、医療は今かなり危機的な状況に立ち至っています。医療の現場では、医療者と患者の間の牧歌的な信頼関係はしだいに失われようとしています。

「立ち去り型サボタージュ」という言葉を聴いたことがありますか。

医療事故で医師たちが刑事告発されて、有罪判決を受けるということが続いた結果、裁判のリスクを怖れて、産婦人科や小児科などトラブルの多い診療科から続々と医師が立ち去っている現状を指す言葉です。医師を確保できない病院はもう医療拠点としての機能を担えなくなっている。開業医でも、医療過誤の責任を怖れる医師たちは、むずかしい患者は専門病院に送り込む。結果的に専門病院に患者が集中し、医師もナースもオーバーワークになり、トラブルが発生し、医師たちが病院を去る……という「負のスパイラル」に入っています。

その根本には、医療機関と患者の間には「利害の対立がある」という考え方が広く常識化したことがあると僕は思っています。そして、この医師と患者は「対立している」という図式の流布に明らかに日本のメディアは深くコミットしてきました。

その対立関係がもっとも劇症的に発現するのが医療事故においてです。

医療事故はいろいろな原因で起こります。医師の側に一方的な過失があるケースもあるし、不可抗力の場合もある。医療事故を繰り返さないためにも、一つ一つの事例をクールでフェアな立場から検証することがたいせつだろうと僕は思います。誰でも、そう思うはずです。でも、現実にはそうなっていない。メディアは患者サイドからの「告発」を選択的に報道し、病院側の「言い訳」についてはあらわに不信を示すというのが報道の「定型」になっているからです。

『医療崩壊』を書いた虎の門病院の小松秀樹先生はメディアの語り口の定型性について、こう書いています。

「傷害を受けた患者や、死亡した患者の家族の行動をメディアは非難しない。とくに、病院との接触面で医療事故被害者はあらゆる行動が許されているかのようである。『弱者』とされる人達の行動に瑕疵があっても、社会に有効な形で伝えられることはない。一部の『弱者』はそれをよく知っている。このために、とげとげしい反応に歯止めが一切かからない。[*3]」

患者は「お客さま」か

前講に「学校の管理責任」について怒りの声を上げていた保護者の発言をメディアが選択的に報道していた事例を挙げましたけれど、同じことは医療の場合にも起きています。病院と患者の間に利害の対立があった場合には、とりあえず患者の側を「正義」とみなして、その言い分を報じる。

この偏った報道姿勢には、実は理があるのです。僕もそれは認めなければいけないと思います。「とりあえず『弱者』の味方」をする、というのはメディアの態度としては正しいからです。

けれども、それは結論ではなくて、一時的な「方便」にすぎないということを忘れてはいけない。何が起きたのかを吟味する仕事は、そこから始まらなければならない。僕はメディアはそのことを忘れているのではないかと思います。

少し前に、ある国立大学の看護学部に講演で招かれたことがありました。講演の前に、ナースの方たちと少しおしゃべりをしました。そのときに、ナースセンターに貼ってあった『患者さま』と呼びましょう」というポスターに気づきました。「これ、なんですか？」と訊いたら、看護学部長が苦笑して、そういうお達しが厚労省のほうからあったのだと教えてくれました。

僕はそれを聞いて、これはまずいだろうと思いました。これは医療の根幹部分を損なう措置なんじゃないかと思って率直にそう言いました。その場にいたおふたりとも頷いて、興味深い話をしてくれました。

「患者さま」という呼称を採用するようになってから、病院の中でいくつか際立った変化が起きたそうです。一つは、入院患者が院内規則を守らなくなったこと（飲酒喫煙とか無断外出とか）、一つはナースに暴言を吐くようになったこと、一つは入院費を払わずに退院する患者が出てきたこと。以上三点が「患者さま」導入の「成果」ですと、笑っていました。

当然だろうと僕は思いました。というのは、「患者さま」という呼称はあきらかに医療を、商取引モデルで考える人間が思いついたものだからです。

医療を商取引モデルでとらえれば、「患者さま」は「お客さま」です。病院は医療サービスを売る「お店」です。そうなると、「患者さま」は消費者的にふるまうことを義務づけられる。

「消費者的にふるまう」というのは、ひとことで言えば、「最低の代価で、最高の商品を手に入れること」をめざして行動するということです。医療現場では、それは「患者としての義務を最低限にまで切り下げ、医療サービスを最大限まで要求する」ふるまいというかたちをとります。看護学部長が数え上げた三つの変化はまさにこの図式を裏書きしています。

厚労省がこんな奇妙な指示を発令したのは、彼らが社会関係はすべからく商取引モデルに基づいて構想されるべきだという信憑の虜囚になっているからだと僕は思います。

小泉純一郎内閣のときににぎやかに導入された「構造改革・規制緩和」政策とは、要するに「市場に委《ゆだ》ねれば、すべてうまくゆく」という信憑に基づいたものでした。「市場原理主義」と呼んでもいいし、「グローバリズム」と呼んでもいい。行政改革にも、医療にも、教育にも、さまざまな分野にこの信憑がゆきわたりました。

すべては「買い手」と「売り手」の間の商品の売り買いの比喩によって考想されねばならない。消費者は自己利益を最大化すべくひたすらエゴイスティックにふるまい、売り手もまた利益を最大化するようにエゴイスティックにふるまう。その結果、両者の利益が均衡するポイントで需給関係は安定する。市場にすべてを委ねれば、「もっとも安価で、もっともクオリティの高いものだけが商品として流通する」理想的な市場が現出する。市場は決して選択を誤らない。というのが「市場原理主義」という考え方でした。

そのモデルを行政もメディアも、医療にも適用しようとしました。その結果が「できる限り医療行為に協力せず、にもかかわらず最高の医療効果を要求する患者」たちの組織的な出現です。

僕はそういう患者のありようについて、個人的な人格的欠点をあげつらってもあまり意味がないだろうと思います。だって、これは患者たちひとりひとりの個別的な選択ではなく、イデオロギー的に勧奨《かんしょう》されたふるまいだからです。そういうふうにふるまえば、どんどん医療の質が上がりますよ、と。そう言われたから、患者たちは、おそらくは善意に基づいて院内規則を破ったり、看護師に暴言を吐いたりしているのです。僕が問題だと思うのはこのことです。

自分が「悪いことをしている」という自覚があって、それでも「公共の福利よりも自己利益を優先させるぞ、オレは」と肚《はら》を括《くく》って悪事をする人間なんか現実にはほとんどいません。

人間はなかなかそんなに悪くはなれない。人間が悪いことを平然とできるのは「そうすることがいいことだ」というアナウンスを聞きつけたからです。

この「患者さま」たちはたぶん主観的には「日本の医療を改善する」ことに貢献しているつもりでいるのです（完全には信じていないにしても、半信半疑程度には）。そして、その確信を支えているのはメディアが「消費者モデル」の有効性を声高に賛美しているからです。万人が消費者として容赦なくふるまうとき、市場は最高の状態に向かってまっしぐらに進化してゆく。このイデオロギーはもともと行政が主導したものですけれど、メディアはこのイデオロギーの普及に積極的に加担してきました。僕が知る限り、医療機関に対して仮借ない批判を向けることによってのみ医療の質は改善され医療技術の水準は向上するという信憑をメディアは一度も手放したことがありません。

さすがに医療崩壊がここまで進行すると、あまり「仮借《かしやく》ない」のもどうかな……というくらいの自制心は出てきたかもしれませんが、それでも自分たちが展開してきた医療批判が医療崩壊という現実を生み出した一因だということをメディアは認めない。

「とりあえず」の正義

なぜメディアは一方的な医療批判を展開してきたのでしょうか。なぜ、メディアはつねに「弱者」に加担するのか。そのメカニズムについて考えてみたいと思います。

先ほども言いましたけれど、メディアがとりあえず弱者の味方をするということそれ自体は悪いことではないのです。それは間違いなくメディアの社会的責務の一部だと言ってよいと僕は思います。ただし、その社会的責務を基礎づけるロジックをメディア自身がきちんと把握していない。そこが問題なのです。

なぜ、メディアはとりあえず弱者の味方をしなければいけないのか。メディアはその問いをたぶん自分に向けたことがない。そうするのが当たり前だと思っていて、惰性でそうしている。そういう種類の思考停止のことを僕は先に「知的な劣化」と呼んだのです。

裁判では「推定無罪」という法理があります。同じように、メディアは弱者と強者の利害対立に際しては、弱者にいいいい「推定正義」を適用する。これがメディアのルールです。「同じ負荷をかけた場合に先に壊れるほう」を、ことの理非が決するまでは、優先的に保護する。これはごく常識的な判断です。個人が大企業を訴えたりする場合には、「理非の裁定がつくまで、メディアがとりあえず個人の側をサポートする」というのは社会的フェアネスを担保する上では絶対に必要なことです。でも、「推定無罪」が無罪そのものではないように、「推定正義」も正義そのものではありません。弱者に「推定正義」を認めるのは、あくまで「とりあえず」という限定を付けての話です。

個人が学校や病院と対立したときに、メディアがとりあえず個人の側に肩入れすることは適切な判断です。けれども、それは理非が決したということを意味しない。理非を決するための中立的でフェアな「裁定の場」を確保したというだけのことです。

しかし、メディアはいったんある立場を「推定正義」として仮定すると、それが「推定」にすぎないということをすぐに忘れてしまう。「とりあえず」という限定を付した暫定的判断であることを忘れてしまう。

理非を解明するプロセスで、メディアが推定正義を認めて支援した「弱者」が、実はそれほど正しいわけでもないということが事後的に明らかになったということも当然あったはずです。けれども、そのときにメディアは「私たちの推定は誤りでした」ということを認めない。その話は「もうなかったこと」にして、次の「弱者」支援に話を移してしまう。

　弱者を「推定正義」として扱うというのは、あくまで一時的な「方便」です。そうである以上、検証の過程で「正義ではなかった」ということが起きる可能性はつねにある。「よく調べたら、この『弱者』の言い分には無理があります」と後になって認めたにしても、それは少しもメディアの公正さや洞察力を傷つけるものではないと僕は思います。ぜんぜん構わない。「推定正義」を適用して、とりあえず弱者に肩入れするのはメディアの本務の一部なんですから。でも、メディアは「つねに正しいことだけを選択的に報道している」というありえない夢を追います。この態度は病的だと僕は思います。

「推定正義」という方便をメディアは自分で適用しておきながら、そういうことを自分がしているという自覚がない。むしろ、メディアが一度「正義」だと推定したら、それは未来永劫《えいごう》「正義」でなければならないと思っている。「推定正義」が事実によって反証されたら、メディアの威信が低下すると思っている。でも、話は逆なんです。事実によって反証されたら「推定」をただちに撤回することがむしろ、メディアの中立的で冷静な判断力を保証するのです。

批判から逃れる「知性」と「弱者」たち

「なぜ、自分は判断を誤ったのか」を簡潔かつロジカルに言える知性がもっとも良質な知性だと僕は思っています。少なくとも自然科学の世界ではそうです。自分が提示した仮説を、他の科学者によって反証されるより先に、自分自身の実験で反証し、仮説を書き換えることは科学者の名誉の一部です。ビジネスの世界だって同じです。自分が作り出したビジネスモデルの欠陥と限界に社員に指摘されるより前に気づいて、「まだ儲かるのに……」という未練がましい声に耳を貸さずに大胆に「撤収」を宣言できる経営者がクレバーな経営者です。

けれども、この知性観を日本のメディアは採用していません。メディアにかかわる人の過半は、自分が仮に間違っていた場合でも、それを認めずに言い抜けることをむしろ知的なふるまいだと思っている。

少し前に、高橋源一郎さんからこんな話を聞きました。岩波書店の『世界』という総合誌がさっぱり売れなくなったので、何かテコ入れ的な企画はないかと高橋さんが訊ねられた。少し考えて、高橋さんは『世界』の罪」というのはどうかと提案したそうです。

戦後『世界』が世論をミスリードした出来事がいくつかありました。後から事情がわかってみると、『世界』が「理あり」として加担していた「正義」の立場がそれほど正しくもなかったということがたしかにありました。その一つ一つの案件を取り上げて、どうして『世界』は判断を誤ったのか、どういう情報が不足していたのか、どういう推論上の誤ちを犯したのかを点検したら、読みでのある記事になるのでは、と高橋さんは提言したそうです。天才的なアイディアだなと僕は感心しました。そして、その企画が通ったら、毎月『世界』を買うよと僕は約束しました。

でも、岩波の編集者はその提案を一笑に付したそうです。これは一笑に付したほうが知的な意味では恥ずかしいことだろうと僕は思います。けれども、この提案を自社の刊行物に適用できるだけの勇気のある人が、今のメディアの世界にどれだけいるでしょう。

メディアは「定型」で語る

推定正義という考え方と医療の問題に話を戻します。先ほどの「患者さま」という呼称もまた、医療側と患者側の間には基本的に利害の対立があり、病院は「強者」、患者は「弱者」

であるから、「推定正義」を適用して、まず患者の権利を優先的に配慮すべきであるという考え方に基づいて出てきたものと思われます。

ただ、繰り返しますが、問題なのはこの「患者さま」という呼称があきらかに「お客さま」という呼称の流用だということです。患者を上位に置くのは、一つには「批判されればされるほど医療の質は向上する」という教条主義的な思い込みがあるせいですけれど、それと同時に、医療機関も市場経済の淘汰圧《とうたあつ》にさらされるべきだという考え方がここには伏流《ふくりゅう》しています。

患者は消費者であり、病院は店舗であり、そこで医療サービスという「商品」が売り買いされている。患者は消費者ですから、最低限の代価を以て、最大限の医療サービスを要求することを義務づけられている。そして、患者が仮借なく消費者としてふるまえば、代価に見合わない高コストの医療サービスを提供している医療機関は淘汰され、低コスト、高品質の医療サービスを提供できる機関だけが生き残り、日本の医療水準はぐんぐん向上する、と。行政とメディアはそう考えていました。

そのような市場原理主義の導入がもたらした医療現場の荒廃について、メディアの加担について、自己批判を含めて、きちんと報道したものに僕は触れた覚えがありません。僕の管《かん》見《けん》の及ぶ限りのことですから、あるいはどこかに「メディアのサポートのおかげで医療の質がこんなに上がりました」という感謝の言葉を語っている医療関係者がいるかもしれません。でも、僕は知らない。知り合いの医師やナースの中にもそう語る人はひとりもいません。

もちろん、「こんなにすばらしい医療が行われています」という報道はあります。たくさん、ある。「グッド・プラクティス」ですね。でも、それはたいていの場合、「こんなにすばらしい医療を実現しているところがあるのに……」という「一回ひねり」で、総論的に日本の医療を批判する文脈で取り上げられている。それは「スウェーデンの福祉はこんなに進んでいます」とか「フィンランドの教育制度はこんなに成功しています」とか「フランスの少子化対策はこれほど充実しています」という成功事例紹介と同じです。成功事例を紹介することを通じて、「それに引き換え」という批判を導き出すためのもので、日本の同分野の関係者を勇気づける意図のものではありません。

「批判すればするほど、医療の水準は上がり、医療の質はよくなる」とメディアは信じ込んでいる。どのような実定的根拠があって、そのようなことを思い込めるのか、僕にはよくわかりません。少なくとも自分自身を振り返ってみれば、「他人に仮借なく批判されればされるほど、知性の働きがよくなり、人格が円満になる」というようなことはありえないということくらい彼らにもわかるはずです。でも、自分には適用できないルールを他人には平気で適用する。

そういうものを「定型」と言います。

自分の生身に突き合わせてみれば、強い違和感を持つようなことであっても、「鋳型《いがた》」から「人形焼き」のように次々と叩き出されてくると、「そういうものか」と思ってしまう。自分は正直に言うとそんなふうには思わないけれど、「そういうふうに思うのがふつうなのかな」と思ってしまう。それが「定型」の力です。

以前、ある週刊誌の女性編集者が取材に来たことがありました。その週刊誌はいわゆる「おじさん」系の雑誌です。「世の中、要するに色と慾」というシンプルでチープな図式で世の中の出来事を撫《な》で斬りにする。二〇代のその女性も「そういう記事」を書いていると聞いて驚きました。

「書くの、たいへんでしょう」と訊いたら、不思議そうに「別に」と答えました。どうしてか、重ねて訊くと、この週刊誌では記事の書き方に「定型」があるので、それさえ覚えれば、若い女性もすぐに「おじさんみたいに」書けるようになるからだと教えてくれました。それを聞いて、「はあ」としばらく脱力してから、それはちょっとまずいんじゃないかと思いました。

　というのは、だとすると、その週刊誌の記事を実際に書いているのは、生身の人間ではなく、「定型的文体」だということになるからです。そこに書かれたことについて、「これは私が書きたいと思って書いたことであり、それが引き起こした責任を私は個人で引き受ける」と言う人間がどこにもいないということだからです。

言葉から個人が欠如する

　もちろん、その週刊誌でも誤報や名誉毀損《きそん》とかのトラブルは起こります。けれども、その場合でも、責任を取るのは個人ではなく、会社です。名誉毀損の裁判に負ければ、賠償金は会社の経理が払う。「訴状をよく見てからコメントしたい」とか面倒そうに記者会見で答えているのは、その記事を書いた本人ではありません。管理責任上、「そういう立場」にたまたまある人です。その人が謝罪しようと、弁明しようと、それは書いた人間の言葉ではありません。メディアでは、個人は責任を取らない。責任を取ることができない。

　これはおかしくないでしょうか。「最終的にその責任を引き受ける個人を持たない」ような言葉はそもそも発せられる必要があるのか。

僕は率直に言って、「ない」と思います。言葉の重みや深みというのは、それを書いた個人が、その生き方そのものを通じて「債務保証」するものです。僕はそう思っています。

前に、大瀧詠一《おおたきえいいち》さんのラジオ番組で、ゲストの高田渡《わたる》さんがフォーク歌手としてデビューした頃の話をしたことがありました。

そのとき、高田さんは少年時代のひどい貧乏の話をした後で、「僕は貧乏人には同情しない」と言い切りました。貧窮のうちにあったとき、高田少年は向上心を持たなければここからは抜けられないという個人的確信を持ち、それをバネにしてとにかくそこから抜け出した。その個人史的経験から、「貧乏であることに安住している人には同情しない」という逆説的な言葉が出てきたわけです。

その言葉は高田さんが語った場合にはある種の重みや深みや厚みがあり、ある種の真理性を帯びます。けれども、苦労知らずに育ったお坊ちゃんが同じ言葉を口にした場合には、そうはゆかない。僕はそういうものだと思うのです。すべての言葉は、それを語った人間の、骨肉を備えた個人の、その生きてきた時間の厚みによって説得力を持ったり、持たなかったりする。正しかったり、正しくなかったりする。

「誰が語っても真実であるような言葉」というのももちろんありますでしょう。でも、それは「昨日は南の風が吹いて、雨が降りました」というようなストレートニュースだけです。少しでも価値判断を含むものは、政治記事にしても、経済記事にしても、そのコンテンツの重みや深みは、固有名を持った個人が担保する他ないと僕は思うのです。

けれども、僕たちが今読まされている、聴かされている文章のほとんどは、血の通った個人ではなく、定型が語っている。定型が書いている。

マニュアル化されたメディアの暴走

先ほど、メディアは「推定正義」の原則に則《のっと》って報道を始めてよいが、どこかで立ち止まって、自分が最初に採用した判断の当否を検証しなければならないと書きました。それができなくなっていることがメディアの知的威信を損なっている、と。

でも、それができないのは当たり前なんです。そういう作業にはマニュアルも、工程表も、数値的指標もないからです。報道を始めて何日目にという指標もないし、裁判がどの審級に達したらという目安もない、なんとなく「そろそろ潮時かな」と思ったら、自分が前に下した判断をとりあえず「かっこに入れて」、先入観を排した視点から、自分が報道してきたことの理非を再吟味する。これはほとんど「手作業」というか、「職人芸」のようなものです。指先の感覚とか、「匂い」を感知するとかいうのと似た身体的な技芸です。

でも、そういう芸当は生身の、血の通った身体を持った人間にしかできない。定型にはできない。定型的文体を反復している人間にはできない。

数年前に、メディアが凄《すさ》まじい医療機関バッシングを展開した医療事故事件報道がありました。そのときの「世論」の形成について、小松先生はこう書いています。

「記者が、責任の明らかでない言説を反復しているうちに、マスコミ通念が形成される。これが『世論』として金科玉条になる。この段階で反対意見をだそうとしても、メディアは取り上げようとしない。（……）記者は詳しく調査することも、反対意見を吟味することもなく、また反対意見が存在することを示すことすらせず、同じような報道を繰り返す。

これは暴走といってよいと思う。なぜ『暴走』かというと、しつこいようだが、この過程に個人の責任と理性の関与、すなわち、自立した個人による制御が及んでいないからである。[*4]」

このときの洪水的な医療機関バッシング報道には、「私が最終的にこの報道の責任を負う」と言う個人がどこにもいませんでした。記者たちは先行する誰かの記事を参照して記事を書き、その参照された元の記事もまた、それに先行する類似の記事の文体や「切り口」を参照して書かれていました。そういう無限参照の中で、「定型」は形成されます。

これはほんとうにそうだと思います。僕のところにも、よく取材が来ますけれど、取材しに来るライターたちのうちで、「私は個人的にこういうことを見聞したのですが、先生はどうお考えになりますか?」というふうに疑問を向ける人はまずいません。彼ら彼女らはほぼ例外なく、「……と世間では言われていますけれど、先生はどうお考えになりますか」と訊いてくる。

週刊誌や月刊誌の記者の場合だと、他社の誌面をその「世間」の証拠に示すことさえあります。他社の雑誌記事を示して、「世間ではこんなことが起きているらしいですが……」と、僕のコメントを取りに来る。具体的現実そのものではなく、「報道されているもの」を平気で第一次資料として取り出してくる。僕はこれがメディアの暴走の基本構造だと思います。

暴走するメディアがメディア自身を殺す

メディアの「暴走」というのは、別にとりわけ邪悪なジャーナリストがいるとか、悪辣《あくらつ》なデマゴーグにメディアが翻弄《ほんろう》されているとかいうことではありません。そこで語られることについて、最終的な責任を引き受ける生身の個人がいない、「自立した個人による制御が及んでいない」ことの帰結だと僕は思います。

「どうしてもこれだけは言っておきたい」という言葉は決して「暴走」したりはしません。暴走したくても、自分の生身の身体を「担保」に差し出しているから、制御がかかってしまう。真に個人的な言葉には制御がかかる。だって、外圧で潰《つぶ》されてしまったら、あるいは耳障りだからというので聴く人が耳を塞いでしまったら、もうその言葉はどこにも届かないからです。

だから、ほんとうに「どうしても言っておきたいことがある」という人は、言葉を選ぶ。情理を尽くして賛同者を集めない限り、それを理解し、共感し、同意してくれる人はまだいないからです。当然ですね。自分がいなくても、自分が黙っても、誰かが自分の代わりに言ってくれるあてがあるなら、それは定義上「自分はどうしてもこれだけは言っておきたい言葉」ではない。「真に個人的な言葉」というのは、ここで語る機会を逸したら、ここで聞き届けられる機会を逸したら、もう誰にも届かず、空中に消えてしまう言葉のことです。そのような言葉だけが語るに値する、聴くに値する言葉だと僕は思います。

逆から言えば、仮に自分が口を噤《つぐ》んでも、同じことを言う人間がいくらでもいる言葉については、人は語るに際して、それほど情理を尽くす必要がないということになる。言い方を誤っても、論理が破綻しても、言葉づかいが汚くても、どうせ誰かが同じようなことを言ってくれる言葉であれば、そんなことを気にする必要はない。「暴走する言説」というのは、そのような「誰でも言いそうな言葉」のことです。

ネット上に氾濫する口汚い罵倒《ばとう》の言葉はその典型です。僕はそういう剣呑《けんのん》なところにはできるだけ足を踏み入れないようにしているのですけれど、たまに調べ物の関係で、不用意に入り込んでしまうことがあります。そこで行き交う言葉の特徴は、「個体識別できない」ということです。「名無し」というのが、2ちゃんねるでよく用いられる名乗りですけど、これは「固有名を持たない人間」という意味です。ですから、「名無し」が語っている言葉とは「その発言に最終的に責任を取る個人がいない言葉」ということになる。

僕はそれはたいへん危険なことだと思います。攻撃的な言葉が標的にされた人を傷つけるからだけではなく、そのような言葉は、発信している人自身を損なうからです。だって、その人は「私が存在しなくなって誰も困らない」ということを堂々と公言しているからです。「私は個体識別できない人間であり、いくらでも代替者がいる人間である」というのは「だから、私は存在する必要のない人間である」という結論をコロラリーとして導いてしまう。

そのような名乗りを繰り返しているうちに、その「呪い《のろ》」は弱い酸のようにその発信者の存在根拠を溶かしてゆきます。自分に向けた「呪い」の毒性を現代人はあまりに軽んじていますけれど、そのような呪詛《じゅそ》を自分に向けているうちに、人間の生命力は確実に衰微《すいび》してゆくのです。「呪い」の力を侮《あなど》ってはいけません。

同じことがメディアの言葉についても言えると僕は思っています。メディアが急速に力を失っている理由は、決して巷間《こうかん》伝えられているように、インターネットに取って代わられたからだけではないと僕は思います。そうではなくて、固有名と、血の通った身体を持った個人の「どうしても言いたいこと」ではなく、「誰でも言いそうなこと」だけを選択的に語っているうちに、そのようなものなら存在しなくなっても誰も困らないという平明な事実に人々が気づいてしまった。そういうことではないかと思うのです。

第五講

メディアと「変えないほうがよいもの」

繰り返される「定型」の呪い

前講では医療報道を手がかりにして、メディアの語法の定型性というトピックを論じました。その定型性が今日のメディアの急速な凋落を招いている、というのが僕の考えです。

勘違いして欲しくないのですが、僕は別に「水に落ちた犬を打つ」ように、落ち目のメディアを攻撃しているわけではありません。メディアの凋落は、そこを仕事場の一つとしている僕にとって、たいへんに切実な現実です。連載をしてきた雑誌が休刊になったり、親しくしていた編集者が職を失ったりという話を聞いて、うれしいはずがありません。けれども、なぜメディアがここまで知的な生産力を失ったのかを考察することは、メディアの再生を願う人間にとっては必須の責務だと僕は思います。

先週も申し上げましたように、僕はメディアの劣化はその定型的な言葉づかいの帰結だと考えています。本質的な問題はビジネスモデルがどうだとか、通信システムがどうだとかいう外形的なレベルにはない。その点で、僕は今日のメディアに流布している定型的なメディア没落論とは意見を異にします。「印刷メディアはもうおしまいだ。これからはインターネットメディアの時代だ」と浮き足だっている人々の言葉づかいはどれもよく似ています。個体識別できないほど、よく似ています。僕はそういう言葉を見ると、次に来るインターネットメディアもいずれ今起きているメディアの凋落を別のかたちで再演するだけだろうと思うのです。言説の定型性は不吉な紋章のようにあらゆるメディアにつきまとう。通信テクノロジーがどう変わろうと、メディア言説がその「定型の呪い」から離脱できない限り、同じことが繰り返される他ないだろうと僕は思います。

メディアの定型性は二種の信憑によってかたちづくられているというのが僕の仮説です。これからその話をします。

第一は、メディアというのは「世論」を語るものだという信憑。第二は、メディアはビジネスだという信憑。この二つの信憑がメディアの土台を掘り崩したと僕は思っています。

たぶん、ほとんどのメディア業界人はそう聞いてびっくりするでしょう。メディアは世論を形成し、世論を代表し、それによってビジネスとして成立している、そういうものではないのか、と。僕はそれが違うだろうと思います。世論とビジネスがメディアを滅ぼした。それが僕の意見です。かなりわかりにくい話だと思いますので、ゆっくりその理路を申し上げます。

「世論」と「知見」

「世論」というのは、先に言いましたように、「誰もその言責《げんせき》を引き受けない言葉」のことです。「誰でも言いそうなこと」、つまり、「自分が黙っていても、どうせ誰かが言うのだから、言っても平気なこと」であり、同時に「自分が黙っていても、どうせ誰かが言うのだから、黙っていても平気なこと」です。「自分が黙っていても、どうせ誰かが言うこと」である世論は、私たちに二つのまったく相反するふるまいを演じさせる。それが世論の逆説的な構造なのです。

「誰かが言うことなのだから、私が言っても平気なこと」を言うとき、人はどんな口ぶりになるか、これは想像に難くありません。そういう言葉を語るとき、人の口調は攻撃的で、かつ粗雑になります。というのは、それが「みんなが思っていること」である以上、いずれ誰かが自分に代わって、もっと論理的に、修辞を凝《こ》らして語ってくれるはずですし、必要とあれば挙証責任も果たしてくれるはずだからです。「みんな」の中には礼儀正しい言葉づかいができる人や、専門知識の豊かな人や、緻密《ちみつ》な推論能力のある人がいるに違いない。だったら、「そういう仕事」はそういうことが得意な人に任せておけばいい。自分は自分の言いたいことを、気分に任せて、言いたいように言えばいい。これが世論を語る人が採択する第一の経験則です。

　第二のものも同じ前件から導かれます。それは「だから、黙っていてもよい」というものです。というのは、「みんなの言いたいこと」である以上、それは自分が黙っても、誰かが自分に代わって、反批判や論争を覚悟で、場合によっては投獄や処刑さえも覚悟で、きっと最後まで言い続けてくれるはずのことだからです。

　つまり、世論というのは「みんなの意見」である以上、「私」が語ろうと黙ろうと、それについてなんの責任も引き受ける必要のない言説だ、ということです。

　村上春樹さんがこんなエピソードを書いていました。

　村上さんがまだジャズバーをやっている頃、よく編集者や作家が店に来たそうです。カウンターに座って、AさんとBさんが、そこにいないCさんの悪口をさんざん言っている。「あれは才能ないね」「もうダメですよね」みたいに。そこにCさんが来ると「ようよう」ということになって、「Cくん、キミの最新作すばらしいね」とにこやかな会話が弾む。そのあとBさんが帰ると、残ったAさんとCさんで、「あれは才能ないね」「ダメですね」という悪口で盛り上がる……のだそうである。

ここから「人間というのは裏表のあるものだ」という教訓を引き出してもいいんですけれど、僕は、このときの「あれは才能ないね」「ダメですね」という言葉こそが「世論」の原型であるのではないかと思います。

こういう切り捨てるような評言は「みんながそう思っている」ということが暗黙の前提になっていなければ口にはされません。だから、これは「自分が言わなくても、誰かが代わりに言いそうなこと」なんです。自分は単に「みんなと同じ意見」を繰り返しているにすぎない。ところが、本人を前にすると、「みんなの意見」は表明されない。というのは「お前、才能ないよ」などとうっかり口走ると、怒った相手にぼかすか殴られたり、そのあと個人的に意地悪をされたりする可能性があるからです。そいつに「才能がない」のは揺るがぬ真実であるのだが、自分の生身を差し出してまで主張しなければならないほど切実な真実ではない。これが「世論」の定義だと僕は思います。

人が三人集まれば、「世論」は形成される。だから、「世論をなくせ」なんて言っても無理なんです。たぶんそういうしかたでしか表明されることのない知見というものがこの世にはあるのでしょう。「誰ひとり最終責任をとる気のない知見」を果たして「知見」と呼ぶことができるかどうか、僕には確信がありませんが。ともあれ、人間のいるところ世論あり。せめて僕たちにできることは、自分がもし「世論的なこと」を言い出したら、とりあえずいったん口を閉じて、果たしてその言葉があえて語るに値するものなのかどうかを自省することくらいでしょう。自分がこれから言おうとしていることは、もしかすると「誰でも言いそうなこと」ではないのか。それゆえ、誰かに「黙れ」と言われたら、すぐに撤回してしまえることではないのか。

そう問うことはたいせつなことです。どうせ口を開く以上は、自分が言いたいことのうちの「自分が言わなくても誰かが代わりに言いそうなこと」よりは「自分がここで言わないと、たぶん誰も言わないこと」を選んで語るほうがいい。それは個人の場合も、メディアの場合も変わらないのではないかと僕は思います。

アルベール・カミュの覚悟

ずいぶん過激な意見のようですけれど、これはさいわい僕の創見ではありません。僕の敬愛する哲学者アルベール・カミュは、一九四二年にナチスドイツ占領下のパリで刊行されたその哲学エッセイ『シシフォスの神話』の冒頭をこんなふうに書き始めました。

「真に深刻な哲学的問題はただ一つしか存在しない。それは自殺である。人生が生きるに値するか否か。それは哲学の根本的な問いに答えることである。自余のこと、世界に三つの次元があるかどうかとか、精神は九つのカテゴリーを持つのか十二のカテゴリーを持つのかといったことは、その後の話である。そんなのはたわごとにすぎない。[*5]」

哲学者たちが講壇で論じている主題の過半は「たわごと」であるという挑発的なフレーズからカミュはそのエッセイを書き始めました。どうして「たわごと」と言い切れるのか、その理由をカミュはこう述べました。

「どうして『人生が生きるに値するか否か』という問いが他の問いよりも緊急であるか、そのわけを私なりに考えると、それはこの問いが行動にかかわるからである。私はかつて存在論的主張のために死んだ人のあることを知らない。ガリレオは重要な科学的真理を主張したが、命が危うくなると知るやたちまちそれを否認した。ある意味で、彼のふるまいは適切であった。こんな真理は人をひとり火刑にするに値しないからだ。」[*6]

カミュは現代の哲学者たちが論じている問題のほとんどは、「それを否認すれば生かしてやるが、それを主張し続ければ殺す」という究極の選択を前にしたときにただちに否認される類のものであり、そうだとすればそれは「たわごと」にすぎないと言い切ったのでした。ずいぶん激しい言葉です。たぶん、この哲学エッセイを読んだ同時代の哲学者は「何をナマイキな」と思ったことでしょう。なにしろ、この本を書いたときカミュはまだ三〇歳になっていなかったのですから。

しかし、ナチスドイツからフランスが「解放」されるときが来て、この青年が地下出版紙『コンバ』の社説を書き続けた、レジスタンス闘争の精神的な指導者その人であったことが知られるに至って、哲学者たちは青ざめました。まさにカミュが言った通り、占領下に「存在論的主張のために」死んだフランス人はおりませんでしたが、カミュは、文字通り命を賭《と》してその言葉を語っていたからです。

アルベール・カミュはフランス植民地であったアルジェリアで新聞記者としてそのキャリアを開始した典型的な「メディアの人」です。記者として、植民地統治の不正を摘発し、アルジェリアにおけるアラブ人とフランス人の共生の可能性について提言し、やがてレジスタンスの闘士となり、『異邦人』の作家となったのです。

そのカミュの気概《きがい》と同じものをわが国のメディアの人々はすべからく持つべきだとまでは言いません。カミュは例外的に勇敢な人だったからこそ、今に名をとどめているのですから。それでも、自分の語っている言葉の中に「命が危うくなると知るやたちまちそれを否認する」ような言葉がどれくらい含まれているか、その含有率について、ときどき自己点検するくらいのことはしてもよいのではないかと僕は思います。

市場から逃れる「社会的共通資本」

メディアの定型をかたちづくるもう一つのファクターは「メディアはビジネスだ」という信憑です。これもまた世論と同じく、あまりに広く深く根づいている信憑ですので、「メディアはビジネスではない」と言われると、ほとんどのメディア関係者はびっくりして、中には「何をバカなことを」と怒り出す人もいるかもしれません。

でも、メディアは「金儲け」のために作られたものではありません。ある人類学的機能を託されてこの世に登場したものです。何百年か前に、市場経済の時代になってからはビジネスのスキームの中に取り込まれましたが、ほんらいメディアは金儲けのためのものではありません。

現代人は「社会の諸関係はすべて商取引をモデルに構築されている」と考えています。一方に売り手がいて、他方に買い手がいる。それが市場を形成し、そこで商品やサービスと貨幣が取り交わされる。そういうスキームに即してすべての社会関係が考想されている。

たしかに、資本主義経済体制の中に僕たちは生きているわけですから、ほとんどの社会関係がマーケットにおける取引を基礎にして理解されるのは当然と言えば当然のことです。けれども、社会制度の中には商取引の比喩では論じることのできないものもあるということは忘れないほうがいい。さしあたり、「市場経済が始まるより前から存在したもの」は商取引のスキームにはなじまない。

「社会的共通資本」という概念があります。経済学者の宇沢《うざわ》弘文《ひろふみ》先生が使い出された言葉ですけれど、人間が共同的に生きてゆく上で不可欠のものを指します。自然環境（大気、水、森林、河川、湖沼、海洋、沿岸湿地帯、土壌など）、社会的インフラストラクチャー（道路、交通機関、上下水道、電力・ガスなど）、制度資本（教育、医療、金融、司法、行政などの制度）がここに含まれます。こういうものは政治にも市場にも委ねられてはならないというのが宇沢先生の主張です。

「社会的共通資本は決して国家の統治機構の一部として官僚的に管理されたり、また利潤追求の対象として市場的な条件によって左右されてはならない。」[*7]

政権が交代するたびに教育や医療のシステムが変わっては困ります。海や森が個人によって私有されて、勝手に切り売りされたり、好き勝手に破壊されても困る。道路が私有されていて、「ここを通るなら通行料を払え」とか「お前は気に入らないから通してやらない」というようなことが罷《まか》り通っては困る。

社会的共通資本というのは、原理的に言えば、個人の恣意《しい》にも政治イデオロギーにも市場の需給関係にもかかわりなく保全されなければならないものです。それが安定的に機能していないと、共同体は保たない。個人の恣意がよろしくないとか、政治イデオロギーは偏向しているとか、市場経済は必ず環境を破壊するとか、そういうことを言っているのではありません。そうではなくて、社会的共通資本は、わずかな入力差が大きな出力差を生み出すような種類のシステムに委ねてはならないということを言っているのです。

政治イデオロギーや株式市場は本質的に不安定なものです。わずかな入力変化が巨大な破局を結果することがある。そういうシステムには人間が生きてゆく上で不可欠のもの――海や大気や水や司法や行政――を委ねてはならない、ということです。言い換えるならば、人間が生きる上で不可欠なものの管理・維持は、入力変化に対する感応の遅い、惰性の強いシステムに委ねなければならない、ということです。

変化がよいことではない場合

宇沢先生は社会的共通資本は「職業的専門家によって、専門的知見にもとづき、職業的規範にしたがって管理・維持されなければならない」[*8]と書かれています。僕はこれを「惰性の強いシステムに委ねる」というふうに読み替えることが可能だろうと思います。

医療と教育は社会的共通資本に含まれています。ということは、そういうものはあまり朝令暮改《ちょうれいぼかい》的にいじってはいけない、ということです。政権が交代したから、株価が高下したから、ブランニューな社会理論が出てきたからというような理由で、医療制度や教育制度を一変させるというようなことをされては困る。ところが、医療と教育に関するメディアの論調を徴する限り、そこに伏流しているのはまったく逆に「変化するのは無条件によいことだ」という考え方なのです。

数年前、安倍晋三内閣が組閣されると、すぐに「教育改革」が綱領に掲げられ、「教育再生会議」が招集されました。そして、教育制度にかかわる重要な法律改正が政治主導でばたばたと進められました。ところが自民党が失権して、政権交代が行われると、この新制度はまだ定着もしていないうちに廃止されてしまった。ということは、このあと民主党政権から別の政権に変わったら、また制度が変わる可能性がある。

学校教育制度が猫の眼のようにめまぐるしく変わることで、迷惑するのは何よりも教育現場です。ですから、教育制度を朝令暮改的にいじりまわすことを僕は少しも好ましいことだとは思いません。けれども、メディアは制度改革の「中身」については、その是非をあれこれ言い立てましたが、「変化させること」そのものについてはまったく批判の声を上げませんでした。「こんな改革でほんとうに子どもの学力は上がるのか?」という類の発言はありましたけれど、「頭を冷やせ」という言い方をしたメディアも、「うかつに教育制度をいじるな」という主張をなしたメディアも、僕の知る限り存在しなかった。というのは、社会制度の変化はよいことであるということはメディアにとって譲ることのできぬ根本命題だからです。

考えれば当たり前のことですけれども、社会が変化しないとメディアに対するニーズがなくなるからです。「今日は昨日とあまり変化がありませんでした。みんな無事でよかったですね」と言祝《ことほ》ぐ習慣はメディアにはありません。何も起きないことが生身の人間たちにとっては実はいちばん幸福なことなのですけれど、メディアはそれを喜ばない。劇的変化が、政治でも経済でも文化でも、どんな領域でもいいから、起こり続けること、メディアはそれを切望します。政権が交代するとか、株価が暴落するとか、無差別殺人が犯されるとか、アイドルが薬物使用で逮捕されるとかするとテレビの視聴率ははね上がり、新聞の部数は伸びる。

戦争とメディア

そして、もちろん、メディアに対する最大のニーズをつくりあげるニュースソースは戦争です。

メディアはだから戦争が大好きです。戦争がないときは国内の政争でも、学術上の論争でも、芸能人同士の不仲でもいい、とにかく人と人が喉《のど》を掻《か》き切り合うような緊張関係にあることをメディアはその本性として求める。僕はことの善し悪しを言っているのではありません。価値中立的に「そういうものだ」と言っているだけです。メディアが本態的に「そういうものだ」ということをきちんと認めたほうがいい。そう言っているのです。そういう趨勢《すうせい》を勘定に入れた上で、メディアのあり方について考えたほうがいい。

メディアと戦争のかかわりについて語るときに必ず引かれるのが一九世紀末の米西戦争に果たしたメディアの役割です。このとき、キューバのスペインからの独立運動にアメリカが軍事介入して、スペインを叩き、結果的にキューバを事実上の植民地とし、スペイン領のフィリピンとグアムを手に入れました。この軍事介入はモンロー主義からセオドア・ルーズベルト式の「棍棒《こんぼう》外交」への政策転換を意味しますが、この国策転換の背景にメディアによる世論操作があったことは近代史の常識に属します。

ジョーゼフ・ピュリッツァーとウィリアム・ハーストという今に名を残す二大新聞王は、一九世紀末『ニューヨーク・ワールド』と『ニューヨーク・モーニング・ジャーナル』で激しい部数競争を展開していました。そして、ちょうどそのときに起きたキューバ独立運動についてて虚実とりまぜた扇情的な報道を行い、アメリカの軍事的コミットメントを正当化するための世論形成に大きな役割を果たしました。「イエロー・ジャーナリズム」というのはこのときの二紙の部数拡大主義を指して用いられた言葉です。メディアによる「煽り」はアメリカ政府の領土的野心を満たし、ふたりのビジネスマンに巨富をもたらしました。その成功体験が近代ジャーナリズムには刻印されている。

むろん、日本のメディアも日比谷焼き討ち事件を使嗾《しそう》した新聞報道や、先の大戦中の翼賛報道などについての反省をおりおりには口にします。でも、社会不安や戦争が「部数を伸ばす」最大の要因であるという事実は否定しない。そして、「部数を伸ばしたい」という欲望が「社会不安や排外主義を煽ってまで部数を伸ばすようなことはしてはならない」という「政治的に正しい」倫理的自制によって抑圧された場合、それは社会制度の急激な、予測不能の変化への抑えがたい欲求という症状となって回帰する他ない。僕はそう思います。

社会制度の劇的変化が起こると、「これから何が起こるかわからない」という不安が生まれます。「何が起きているのか知りたい」という情報へのニーズはメディアにたしかな商業的利益をもたらす。そういう図式がすべてのメディア人の無意識のうちには深く刻印されている。それが無意識のものである以上、メディアが「変化を求める」ことは誰にも止められません。変化のないところにさえ変化を作り出そうとする。変化しなくてもよいものを変化させようとする。何も変化しないで順調に機能している制度に無理に手を突っ込んでも変化を起こそうとする。変化への異常なまでの固執。それは近代のメディアに取り憑《つ》いた業病《ごうびょう》のようなものです。

それは政治報道においてとりわけ徴候的です。この何年か、メディアは「霞ヶ関」に集中砲火を浴びせていますが、それは官僚組織が本質的に「変化を忌避する」組織であるということに関係があると僕は思っています。

自民党政権の末期、メディアは「総理の不適格性」を言い立てました。自民党が次々と総理を替えると、そのたびに「かわりばえがしない」と批判されました。自民党から民主党への政権交代は大きな変化でしたので、メディアは大歓迎しましたが、わずか数ヶ月で集中的な批判に転じました。「これでは自民党と変わらない」というのがその主たる理由でした。どうやらメディアが求めているのは安全でも繁栄でもなく、変化なのです。そのことにメディア自身は気づいていない。

惰性への攻撃

制度の中には、変えないほうがいいものもある。機能の劣化したパーツだけ入れ替えて、本体は手つかずで使い延ばすほうがいいものもある。けれども、「これは変えたほうがいいが、これは変えないほうがいい」という変化の要不要についての議論を僕はメディアで見たことがありません。「変えなければならない」というのは不可疑の前提であって、「変わらない」ものはさまざまな「抵抗」があるせいで「変えられない」のであって、「可及的《かきゆう》すみやかに変えるべき」ものであることに変わりはない。繰り返し言いますが、そういうふうに考えるのは、それがメディアの「病気」だからです。

教育制度についても、医療制度についても、「とにかく早く変えろ」という焦慮《しようりよ》の声はよく聞こえるけれど、変えてはならないもの、変えるにしてもゆっくり変えたほうがいいものを実証的に検証した記事を僕はメディアで一度も読んだことがありません。「変える必要のないもの」「惰性が効いているほうがよいもの」はメディアにとっては存在しないと同じなのです。報道に値するのは「ニュース」だけだからです。昨日と同じままのものには報道する価値がない。「報道する価値のないもの」は存在していないように扱われるか、あるいは存在させてはならないものとして扱われる。

だから、メディアが医療と教育という制度資本に対して集中的なバッシングを展開した理由も今となるとよくわかるのです。医療も教育も惰性の強い制度だからです。簡単には変わらないし、変わるべきでもない。だからこそ、メディアの攻撃はそこに集中した。

メディアの提言は要約すればただ一つです。それは医療も教育も、社会状況の変化にすぐに、即応できるような制度に変えろということです。

そして、制度を可変的なものにするための方法は経験的には二つしか知られていない。それはまさに宇沢弘文先生が「社会的共通資本に適用してはならない」と言った当の二つのもの、すなわち政治イデオロギーと市場です。

どんな制度でも、政治イデオロギーと市場の支配に委ねれば、めまぐるしく変化する。間違いなく変化する。しかし、メディアは「政治権力の専横に対する監視装置」であることを存在理由の一つにしていますから、制度資本を全面的に政治に委ねることには賛成できない。だから、残る選択肢は一つしかありません。

市場に委ねられた教育制度

教育改革について、メディアは八〇年代から一貫して「市場原理の導入」に与《くみ》してきました。僕は教育現場の当事者ですから、メディアが教育の市場化にどれほど積極的に加担してきたのか熟知しています。それについては何冊か本も書きました。

メディアは「子どもたちに選好されるような魅力的な教育プログラム」や「集客力のある教員」というものが必要だと言っておりましたし、今も言っております。子どもたちや保護者は「消費者」であり、「クライアント」であるのだから、それに選好されるように「営業努力」をすることが教育機関の急務である、と。入学者を集められない教育機関は市場原理に従って、淘汰されて、「適者」だけが生存すればよい、と。僕の知る限り、教育に市場原理を適用すべきではないという主張を掲げて、市場化趨勢に全面的に抵抗したメディアはありませんでした。

市場原理こそが教育崩壊の主因であると僕はずっと主張してきました。この意見は教育現場では、教員の方たちからはかなり幅広く支持を得ていますし、教育行政官の中にさえ共感を示す人が少なくありません。でも、マスメディアだけは例外です。マスメディアは僕の教育論を相手にしません。というのは、僕の主張は、政治家も官僚も、そしてメディアも教育には口を出すな、そういうことは「専門家に委ねておけ」ということだからです。メディアがそのような主張を許容できるはずがない。

教育の専門家たちというのは本性的に「新しい試み」を忌避《きひ》するものです。メディアはそう思っています。その通りなのです。教育の根幹部分は「子どもを成熟に導く」という目的のためにあり、それは人類学的機能ですから、政権交代や株価の高下とはなんの関係もありません。子どもを成熟させるためにこれまで人類が考え出した装置はいくつか有効なものが知られており、世界中どこの学校でも、その装置を適宜ローカライズして使っている。それは、長い経験を通じて工夫されたものだから、場合によってはなんの役に立つのか教育現場にいる人間にもよくわからない「取り決め」や「約束」がある。それを現代人の感覚で「よくわからない」から廃止するというようなことはしないほうがいい。その起源が歴史の闇に消えて知られていない制度については、できるだけ謙虚に接したほうがいい。それは教師たちの中に深く内面化した経験的確信です。

しかし、メディアはそのような惰性的なものを許容してはくれません。「変化しないもの」

はメディアになんの利益ももたらさないからです。だから、メディアは教育制度のうち惰性的なものに攻撃を加え、制度に変化をもたらす見込みがある入力に対してのみ好意的に報道する。

メディアが教育への市場原理の導入に終始好意的であるのは、それが間違いなく教育制度を根本から揺り動かし、改変し、場合によっては解体してしまう見込みがあるからです。制度がめまぐるしく変化すれば、それについての情報価値は高騰《こうとう》します。いったい教育現場で何が起きているのか、誰に従えばいいのか、どうふるまえば有利なのか……教育制度にかかわりを持たずに済ませることのできる国民はひとりもいませんから、教育制度が「一寸先は闇」になることは巨大な情報市場を創出します。ですから、メディアが「教育は市場原理に委ねられねばならない」という結論へ導かれるのは論理的には自明のことなのです。

買い物上手になる学生たち

僕がこれまで機会あるごとに言ってきたのは、市場原理を導入し、子どもが「消費者」で、学校が教育商品の「売り手」であるとする構図で教育をとらえるなら、教育は致命的なしかたで損なわれるだろうということです。

学びの場に立とうと思うなら、子どもは決して自らを消費者として規定してはなりません。それは消費者というものの条件を考えればすぐにわかることです。医療崩壊のところでも言いましたけれど、消費者とは「もっとも少ない代価で、もっとも価値のある商品を手に入れること」を目標とする人間のことです。

「代価」とは、学校教育においては「学習努力」のことです。そこにはいろいろなものが含まれます。授業を聴くのも、自宅学習するのも、校則を守ったり、制服をきちんと着たりするのも、先生に敬語を使うのも、子どもになんらかの努力を要求するものは、すべて「代価」にカウントされます。

それをいかに切り下げるか。

いかに少ない「代価」を以て、試験のハイスコアや、見栄えのいい最終学歴を手に入れるか、それが消費者としては最優先の課題になります。

そのせいで、僕たちは「賢い消費者」として学校教育期間を通過してきた子どもたちの「末路」の無数の事例を周囲に見ることができます。

一流大学を出たはずの若いサラリーマンと話したときに、彼があまりに無知なので、「いったい君は大学で何を勉強していたのだ？」と訊いたことがありました。すると彼はなんと「何も！」と胸を張って答えたのです。思いがけない答えに一度はびっくりした後に、僕はなるほどと理解しました。彼にとっては、一流大学を出ているにもかかわらず無知であることは少しも「恥ずかしいこと」ではなく、無知であるにもかかわらず一流大学を出たことこそが「誇るべきこと」だったのでした。「にもかかわらず」の前後に置くべき言葉の順序を、僕のほうが間違えていたのです。それは彼にとっては「誇るべき達成」だったのです。彼の笑顔はわずかな手銭で驚くほど高級な商品を買ってみせた「買い物上手」の自慢顔だったのでした。

先日、うちの大学で、レポート提出期限の変更を先生が告知していた日に欠席していたせいで提出期限に遅れた学生がいました。先生が遅れを理由にレポート受理を拒むと、その学生は猛然と抗議行動を起こしました。教務課のカウンターで、電話口で、もっぱら教師にのみ問題があり、自分には非がないことを言い立て、教務課のみなさんはあやうくノイローゼになりそうでした。

僕がそのとき不思議に思ったのは、それほど単位が欲しいのなら、どうしてこれほどまで欠席したのかということでした。彼女は講義のあった一三週のうち六週を欠席していたのです。にもかかわらず、この学生は「単位を取ること」については法外なまでに貪欲《どんよく》でした。これを説明できるロジックを僕は一つとして思いつきません。

彼女においては、「できるだけ少ない学習時間で単位を取る」こと、つまり「高い費用対効果を達成する」ことが「授業を受けて知識を得る」ことよりも優先されていたのです。そして、抗議のために費やす時間は「学習努力」に算入されないので、そのために何時間を割いても、彼女が「賢い消費者」であることには抵触しない。彼女は「買い物ゲーム」に熱中していたのです。

市場原理を教育の場に持ち込んではいけない。そのことを僕はずっと言い続けています。けれども、メディアはそのような説明をうまく呑《の》み込むことができません。相変わらず、教育崩壊の「犯人」探しと、「根本的な制度改革」の喫緊《きつきん》であることだけを言い続けています。「社会制度は絶えず変化しなければならない、それがどう変化すべきかは市場が教える」という信憑そのものが教育崩壊、医療崩壊の一因ではないのかという自問にメディアがたどりつく日は来るのでしょうか。

第六講

読者はどこにいるのか

「本を読みたい人」は減っていない

今回のお題は「出版は生き延びることができるか？」です。

前講まで、マスメディア一般の本質にかかわる問題点について論じてきましたが、出版という個別的な事例についてはまだ言及しておりませんでした。新聞の発行部数もテレビの視聴者実数もどんどん落ちているわけですが、果たして出版はどうなるんでしょう。

出版危機についてはデータがいくつもありますけれど、この授業では別に社会学的な調査をしているわけではないので、数字を並べるようなことはしません。とりあえず大づかみな趨勢だけ理解しておけばいいと思います。単行本は出版点数は増えているけれど、売り上げは減っている。雑誌は部数が落ち、広告出稿が激減したせいで次々と廃刊に追い込まれている。大手出版社はどこも財務内容がよくない。編集者たちの雇用整理が始まっている……そういう現象を眺めただけでも、見通しはかなり悲観的であるということがわかる。それで十分です。

ただ、気をつけなければいけないのは、この悲観的な出版データが意味するのは必ずしも

「本を読みたい人」が減っていることではないということです。というのは、「本を読みたい」というのは人間の欲望の話であって、人の頭の中のことは外からはわからないからです。「本はすごく読みたいのだが、読みたい本がみつからない」のかもしれない。あるいは「読みたい本はたくさんあるのだけれど、買うお金がない」のかもしれない。それはわからない。僕たちにわかっているのは実売冊数が減っているということだけです。そして、実売冊数が減っているということがどういう社会的な変化を意味しているのかということが実は僕たちにはまだよくわかっていない。

出版危機について論じるときには、簡単に絶望的な言辞を振り回したり、安直な「解決法」を探したりするよりは、いったい今何が起きているのかについて、僕たちは実はよくわかっていないという無知の自覚から始めるべきだろうと僕は思います。

そもそも、「本が売れなくなった」というのはほんとうなのでしょうか。

僕自身は実はそう言われてもあまりぴんと来ない。僕はむかしからわりと本を買う人間でしたし、今でも毎月十万円くらい本を買っています（人文系の学者としてはそれでもひどく少ないほうですけど）。

書き手としての実感からも、「売れなくなった」とは思いません。僕が最初に出した本は

『映画は死んだ』という松下正己《まさき》くんとの共著の映画論で、これは自費出版で初版が一〇〇〇部くらいでした。その次の『現代思想のパフォーマンス』も難波江和英さんとの共著で、これもたしか出版費用の半分を僕たちふたりが負担したと思います。それから後に出した本はさいわい出版社が費用負担してくれたので、もう自腹を切らずに済みました。

ですから、「最近の人は本を読まなくなった（携帯とかネットばかりしているから）」という一般論には簡単に「そうですね」と頷くことができない。なにしろ、「読者ゼロ」の書き手として出発して、そこからひとりひとり読者を積み上げてきたわけですから、いつの時代でもたぶんそういうことは可能だろうということが実践的な経験則です。

知的劣化は起こっていない

それと同じようなことを村上春樹さんも柴田元幸《もとゆき》さんとの対談の中で言ってました。

「いい小説が売れない、それは読者の質が落ちたからだっていうけれど、人間の知性の質っていうのはそんな簡単に落ちないですよ。ただ時代時代によって方向が分散するだけなんです。この時代の人はみんなばかだったけど、この時代の人はみんな賢かったとか、そんなことはあるわけがないんだもん。知性の質の総量っていうのは同じなんですよ。それがいろんなところに振り分けられるんだけど、今は小説のほうにたまたま来ないというだけの話で、じゃあ水路を造って、来させればいいんだよね。[*9]」

この村上さんの言葉の中の「小説」という単語は「書物一般」に拡げて考えることができると僕は思います。書籍が売れなくなったのは、これまでメディアについて言ってきたのと同じように、やはり出版する側に、読み手の「知性の質の総量」に対するレスペクトが足りないことが原因なのではないでしょうか。

出版危機についてさまざまな議論をこれまで読んできました。そのすべてに共通するのは、読み手に対するレスペクトの欠如です。正直に言ってそうです。これは出版だけに限らず、すべての「危機論」の語り口に共通するものです。

出版危機の原因は、ほとんど自動的に読者の側の責任に帰せられます。若い人のリテラシーが低下しているから、学校教育の失敗のせいで知的に劣化しているから、携帯や電子書籍のような電子ガジェットにすぐ飛びつくから……こういう説明に共通するのは、読者というのは、「できるだけ安く、できるだけ口当たりがよく、できるだけ知的負荷が少なく、刺激の多い娯楽を求めている」ものだという先入観です。ここまで何度か使ってきた言葉を繰り返すと、「読者とは消費者である」という考え方です。

出版は内部から滅びる

たしかに読者が消費者なら、そういう話になります。なって当然です。消費者というのは、できるだけ少ない代価で、できるだけ多くの快楽や利便性や有用性を書籍に対して要求するのがその仕事だからです。

安く買い叩こうとする買い物客と、高く売りつけようとする商人の間のゼロサム的なネゴシエーションをモデルにして、多くの人が出版ビジネスについて語っている。彼らに言わせれば、刻下《こっか》の出版危機なるものは要するに、買い手の財布のひもがきつくなり、買い手の商品選択眼が劣化し、集客力の高い競合商品が売り出されたせいである……ということになる。そういった商取引のワーディングで出版というイシューが平然と論じられている。そして、「財布のひも」がきつくなったのは景況のせいであり、「商品選択眼」が劣化したのは読者が自己陶冶《とうや》を怠っているせいであり、「競合商品」の展開はコンピュータ・テクノロジーの進化のせいであり……と、いずれにせよ、出版危機はどれも出版外的な要因によって説明されてしまう。

出版危機を出版外的な要因を以て説明して、それで出版界の人たちが納得している限り、出版危機は止まらないと僕は思います。たしかに金融危機も、日本人の知的劣化も、グーグルやアップルの新製品攻勢も、日本の出版人の与《あずか》り知らぬところで起きている出来事です。でも、そのせいで本が売れなくなったという説明をもし出版人が認めたら、そこから導かれる実践的結論は「オレには責任がない」。だから、「何もしない」です。

論理的には、そういう結論しか出てこない。だって、日本の出版社や編集者がリーマンブラザーズの経営戦略やギリシャ国債の投機性やコンピュータ・テクノロジーの開発に関与できる余地なんかありませんから。

出版をビジネスモデルに基づいて思量している限り、出版危機についての実践的結論は「既得権益を小出しに失いながら滅びてゆく」というあたりに落ち着きます。クールな出版人の中には、「それでもしかたがないじゃないか」とふて腐れている人がいるのかもしれません。出版で食っている当の本人が「出版はもうおしまいだよ」と口の端を歪めてつぶやいたりすると、ちょっと格好いいですからね。でも、僕はこのような構図でしか現況をとらえることができない知性の不調こそが実は出版危機をかたちづくっているのではないかと思うのです。

「読者は消費者である。それゆえ、できるだけ安く、できるだけ口当たりがよく、できるだけ知的負荷が少なく、刺激の多い娯楽を求めている」という読者を見下した設定そのものが今日の出版危機の本質的な原因ではないかと僕は思っています。その理路について、すこしゆっくりご説明したいと思います。まずは電子書籍の話から。

電子書籍の真の優位性

電子書籍は従来の書籍よりもビジネス的に優位に立ちそうな勢いです。電子書籍の優位を説明する人のほとんどはそれがビジネスモデルとして優れているからだという言い方をします。紙ベースのものより安い。アクセシビリティが高い。持ち運びが楽である。収納スペースを取らない……などなど。けれども、僕はそれは事態の一面しか見ていないのではないかと思います。

電子書籍が読者に提供するメリットの最大のものは「紙ベースの出版ビジネスでは利益が出ない本」を再びリーダブルな状態に甦《よみがえ》らせたことです。絶版本、稀覯《きこう》本、所蔵している図書館まで足を運ばなければ閲覧《えつらん》できなかった本、紙の劣化が著《いちじる》しく一般読者には閲読が許可されなかった本、そういった「読者が読みたかったけれど、読むことの難しかった本」へのアクセシビリティを飛躍的に高めえたことです。

そういった本へのアクセスが困難であった最大の理由は、そんなものを出版頒布してもビジネスにならないと判断されたからです。読みたいという読者数が一定数を超えない本は出版されない。これは従来のビジネスモデルに即して考えれば、きわめてまっとうな判断です。それに文句を言う人はいなかった。読者は「採算ラインを超える数に達しない限り、存在しないものとして扱われる」というルールを僕たちはずっと黙って受け容れてきた。そういうものだと思ってきた。

けれども、電子図書館サービスは「読む人が現時的にいようがいまいが、いつかアクセスしたい人が出てきたときにすぐにアクセスできるようなシステム」を作り上げました。まだ存在しない読者さえも読者として認知して、その利便性を配慮した。あまり言う人がいませんけれど、電子書籍がもたらした最大の衝撃はこのことにあったと僕は思います。これまで読者として認知されなかった人たちを読者として認知したこと。それこそが電子書籍の最大の功績だと僕は思います。もちろん、それはいずれ巨大な利益をもたらすべく精密に計算されて構築されたプランなのでしょうけれども、それでも、そこにはたしかに読者に対するレスペクトが示されている。この態度は、こう言っては申し訳ないけれど、点数を揃《そろ》えるために、無内容だとわかっている新刊書を次々と出し続け、読み継がれるべき古典的著作をあっさり絶版にしている一部出版社の姿勢と際立った対比をなしています。

不毛な著作権論争

電子書籍と紙ベース書籍の最大の違いは、電子書籍は、読者が本を読むことから受ける利益を、それ以外の関係者たちの利益よりも優先的に配慮しているということです。逆に言えば、伝統的な出版ビジネスモデルを死守しようとしている人たちは、作家や出版社の受け取る私的利益を読書が世界にもたらす公的利益よりも優先させているということになります。

その言い分がマジョリティの支持を得るためには、著作権者たちの側に理論的な基礎づけが必要ですけれど、僕にはそれがきちんとできているようにはどうしても思えません。著作権についての近年の論争に、そのことは表れています。この論件については、これまでも何度か書いてきましたけれど、この機会にもう一度僕の主張を明らかにしておきたいと思います。

まず電子図書館のもたらすマイナスについて書かれた代表的な主張を一つご紹介します。

「新刊書がただちにデジタル・アーカイブされ（画像として保存されるということです）、その画像をインターネットで送信して、家庭のパソコンで見ることができれば、本を買う必要がまったくなくなることは間違いありません。大変便利な時代になったという気もしますが、そうすると文芸家はどこから収入を得ればいいのかという大きな問題が生じます。紙の本の印税によって生計を立てるという従来の考え方を、根底から変えなければならない時代が、すぐ目の前に迫っているのかも知れません。[*10]」

たしかにそうだと思います。「従来の考え方を、根底から変えなければならない時代が、すぐ目の前に迫っている」と僕も思います。鉄道が電化されれば蒸気機関車が不要になるように、橋がかかれば渡し船が不要になるように、テクノロジーの進歩はその代償として必ず

「それまで存在した仕事」を奪います。「紙の本の印税だけによって生計を立てる」という生き方はこの後かなりむずかしくなるでしょう。

けれども、それは圧倒的な利便性を提供するテクノロジーを導入することの代償として受け容れざるをえないのではないかと僕は思います。それで生計が立たない人は、別の仕事を探すしかない。それに、紙の本の印税だけで生計を立てることは「むずかしく」なるだけで、決して「不可能になる」わけではありません。

というようなことを書くと、すぐにこういう批判が向けられます。

「大学研究者の中には、著作権そのものへの意識が希薄な人々が多いことも、問題を拡散させる一つの原因になっています。大学教授などの研究者は、大学から給料と研究費を貰っていて、それだけで生活も研究もできます。たまに本を出してもそこから利益を得るのではなく、むしろ多くの人々に読んでもらえればうれしいという発想しかありません。他の研究者が引用したり言及したりしてくれると、それが研究者としての実績にもなるので、自分の著作や論文がネットで検索できるのは大歓迎ということになります。」（同前出）

思わず、これは僕のことを書いているのですか……と言いたくなるようなご指摘ですが、僕は決して「著作権への意識が希薄」な人間ではないと思います。どちらかというと、そのことに敏感です。だからこそ、著作権の管理を協会に委ねず、自分でしているのです。

ご存じでしょうけれど、僕はネット上で公開した自分のテクストについては「著作権放棄」を宣言しています。引用も複製も自由です。別に僕の許諾を得る必要はありません。それどころか、僕の書いたことをそのまま複写して、ご自分の名前で発表していただいても結構ですと宣言しているのです（まだ試みられた方はおりませんが）。

それは僕にとって、書くことの目的が「生計を立てること」ではなく、「ひとりでも多くの人に自分の考えや感じ方を共有してもらうこと」だからです。もし僕の書いていることの中にわずかなりとも世界の成り立ちや人間のあり方についての掬《きく》すべき知見が含まれているなら、それをできるだけ多くの人に共有してもらいたい。僕としては、僕と意見を同じくする人の数が多ければ多いほどありがたい。それについて僕が「これは私の専有物だから勝手に使うな」というのではことの筋目が通らないでしょう。

僕には「言いたいこと」があり、それを「ひとりでも多くの人に伝えたい」と思っています。その基本姿勢はガリ版にこりこりと鉄筆で個人的なニューズレターを書いて、自宅で印刷し、自費で友人たちに配布していた中学生のときから変わっていません。通信テクノロジーは進化しましたが、ブログ日記を書いたり、ツイッターに短文を書き込んでいるときの心理状態は中学生のときと少しも変わりません。

僕の場合、書く動機は何よりも「ひとりでも多くの人に読んで欲しい」ということです。それを「世間知らず」のように言われると困る。というのはどう考えても、物書く人間がそれで安定的に生計を立てようと望むなら、まずなすべきことは、ひとりも漏らさない課金システムをつくりだすことではなく、ひ､と､り､で､も､多､く､の､読､者､を､得､る､こ､と､だと思うからです。

書物は商品ではない

僕の書きものは入学試験問題に採用されることが少なくありません。予備校では毎年「現代文頻出作家リスト」を発表しますけれど、そこには数年前からチャートインしています。なぜ僕の書きものは入試に使われるのか。それは（あまり知られていないことですが）「ウチダの書きものはいくら切り貼りしても著作権者から文句が出ない」ということが広く受験関係者に周知されているからです。

問題を作るときには、「コピーライトについて、厳密な使用条件を課す」著作権者よりは、文句を言わない著作権者ののほうが使い勝手がいい。これは当たり前です。著作権者によってはテクストの改変を許さないという方がいます。でも、入試問題ですから、国語の場合なんかでしたら、漢字がひらがな表記になっていたり、接続詞が抜いてあったり、傍線が引いてあったりします。問題を作るわけですから、しかたがありません。でも、そういうのは「厭だ」という書き手もいるわけです。自分の作品はオリジナルのままで、全文をシーケンシャルに鑑賞していただきたい。一部を抜き出したり、勝手に手を加えて欲しくない。その気持ちはわかります。たまたま僕はそうではない。入試問題になるということは、受験生たちは僕の文章を何十分か眼光紙背《しはい》に徹するように読み、「作者はここで何を言いたいのか？」といったことについて熟慮せねばならない。僕としては、そんなに真剣に自分の書いたものを読んでくれる読者は求めて得がたいと思う。だから、正直に「ありがたい」と思う。いわば、僕の書いた本の「予告編」を無料で予備校や大学がしてくださっているわけですから、僕のほうからお礼を出さなくちゃいけないくらいのものです。

僕がそういう態度であるということは受験産業界にはすでに広く知られているようです。ですから、試験問題や問題集を作るときに現場の先生たちはどうしても、「気楽な」書き手の書き物を優先的に採用するようになる。その結果、最初に僕の文章を読んだのは予備校の模試だったと教えてくれた読者にこれまでずいぶんたくさんお会いしました。教科書や模試の問題で出会って、そのあと街の書店に立ち寄って、僕の本を買ってくれた。実際に「予告編」として機能してくれている。ですから、プロの物書きを自負するみなさんが「予備校の教室などで自作に言及されても一文にもならぬ」と考えるのは、率直に申し上げて思慮が足りないと僕は思います。

勘違いして欲しくないのですが、僕はもちろん「だからみんな書いたものに課金するのは止めろ。すべてはパブリックドメインにして無償で提供せよ」というような原理主義的主張をなしているわけではありません。

書いてもさっぱりお金にならないので「専業物書き」が職業的に成立しなくなってしまうと、一番困るのは実は読者自身だからです。すぐれた書き手が書くことに専念できて、クオリティの高い作物を継続的に提供できるという出版環境は、誰よりも読者の利益のためにこそ担保すべきものです。そのためにも書籍が商品として行き交う市場が必要であるということももちろん僕にはよく理解できます。

しかし、問題は、ここで多くの人が書籍を商品だと思い、出版を商取引だと思い込んでしまうことです。何度も言っていることですけれど、原理的に言えば、書物は商品ではなく、出版事業は金儲けではありません。僕は理想論やきれいごとを言っているのではなくて、根本的に考えればそうなると言っているのです。

書物が商品という仮象《かしょう》をまとって市場を行き来するのは、そうしたほうがそうしないよりテクストのクオリティが上がり、書く人、読む人双方にとっての利益が増大する確率が高いからです。それだけの理由です。書物が本来的に商品だからではありません。商品であるかのように流通したほうが、そうでないよりも「いいこと」が多いから、商品であるかのような仮象を呈しているにすぎません。

ということは、もし、書物がもっぱら商品的にのみ流通することで、「いいこと」が損なわれ、「よくないこと」が起きるなら、商品としての仮象を棄てるという選択肢は当然検討されてよい。僕はそう思います。

クリエイターから遊離する著作権

書物という商品がもたらす利益は一部が著者に、一部が出版社・取次・書店に分配されます。著者が受け取る利益は「著作権料」というかたちをとります。これはある種の財物とみなされています。だから、書き手本人が死んだ後は遺産として家族に継承される。でも、僕は著作権を財物とみなすことには、どうしても強い違和感を覚えるのです。

著作権というのは単体では財物ではありません。「それから快楽を享受した」と思う人がおり、その人が受け取った快楽に対して「感謝と敬意を表したい」と思ったときにはじめて、それは「権利」としての実定的な価値を持つようになる。著作権というものが自存するわけではない。僕はそういうふうに考えています。けれども、これは圧倒的な少数意見です。

ジョージ・A・ロメロという映画監督をご存じですか。『ナイト・オブ・ザ・リビングデッド』（*Night of the Living Dead*, 1968）などのゾンビ映画の巨匠（というかジャンルそのものの発明者）です。

彼のゾンビ映画初期四部作は歴史的名作ですが、ロメロ自身はその続編を撮ることができません。「他人がコピーライトを持っているからその続編を撮ることはできない」のだそうです。[*11] 映画ファンは誰でもロメロが監督したシリーズ最新作を観たいと願っている。でも、他人が著作権を持っているせいで、それが許されない。別にその映画の制作にかかわったわけでもないし、アイディアを出したわけでもない人が著作権だけを買い取って、ロメロのゾンビ映画の旧作のＤＶＤやＴＶ放映から収益を上げている。たぶん、このコピーライト保持者はロメロがシリーズの新作を発表したら、旧作の市場価値が下がると思っているのでしょう。新作がでなければ、旧作は「カルト映画」として「マニア垂涎《すいぜん》」の商品として引き続き高値で売れるから。

こういう考え方はおかしいと思いませんか。僕はおかしいと思う。著作権は不動産や株券のように売り買いされる財物ではないでしょう。オリジナルの著作権者が資金難のときにつけ込んで、安く買い叩いて、クレバーに運用して儲けるという類のものではないと僕は思う。

ビーチボーイズの初期の楽曲はほとんどすべてブライアン・ウィルソンの作品ですが、ウィルソン兄弟のマネージャーだった父親は一九六九年に彼の全楽曲を管理している音楽出版社を七〇万ドルでよそに売却してしまいます。そのニュースにブライアンは深い衝撃を受けます。自叙伝にブライアンはこう書いています。

「70万ドル？　曲をただで渡すようなものだ。現在そのカタログは、２０００万ドル以上の評価を受けている。しかし僕にとっては、それは金で買える類いのものではなかった。それは僕の赤ん坊だった。僕の肉体だった。魂だった。そしていま、それはもう僕のものではなかった。[*12]」

この事件でブライアン・ウィルソンの精神は破壊されて、その後長い停滞期を余儀なくされました。

ブライアン・ウィルソンの作品やジョージ・A・ロメロの作品について、どういう評価を下すか、それはひとによってさまざまです。僕のように神格化しているファンもいるし、そうでない人もいる。それはしかたがない。でも、とりあえず、一ファンとして言いたいことがあります。それはコピーライトはどんなことがあってもオリジネイターの創造意欲を損なうようなしかたで運用されてはならないということです。僕たちはすでにブライアン・ウィルソンが全盛期に創り出したかもしれない楽曲を失い、ロメロが撮ったかもしれない『死霊のえじき・パート2』を失っている。これを「当たり前」のことだと僕は思いたくありません。

ブライアン・ウィルソンが言うように、彼の作品は彼の「赤ん坊」であり、「肉体」であり、「魂」でした。それは金で売り買いする類のものではないという彼の言葉を僕は重く受け止めたいと思います。作品はクリエイターから享受者たちへ、その脆弱な手触りや暖かさや戦慄《せんりつ》込みで、手から手へ直接手渡されるべきものだと僕は思います。

読者が「盗人」とされるとき

ビジネスが創作活動にかかわってくるのは、ビジネスがかかわったほうがクリエイターの「やる気」が亢進《こうしん》し、リスナーや観客や読者が享受できる快楽が増大するからです。ですから、逆に、ビジネスがかかわったせいでクリエイターの自由が奪われ、インスピレーションが枯渇し、ファンが作品を享受する機会が失われるのなら、ビジネスは創作にかかわるべきではない。これがそこから著作権についての議論が出発すべき基本原則だと僕は思います。

もちろん、今日本で問題になっている著作権問題は、先に挙げたような暴力的なものではありません。けれども、「著作権」という語が口にされるのは、必ずしもつねにクリエイターの意欲を高め、享受者たちの満足を深めるためではありません。率直に言って。多額の印税収入を保証することでクリエイターの意欲を高めることには配慮していても、読者や聴衆たちの利便性や満足には副次的な気づかいしかなされていない。

でも、これは優先順序が逆ではないかと僕は思うのです。著作権というものはたしかに価値あるものですが、それに価値を賦与するのは読者や聴衆や観客のほうです。紙やＣＤや電磁パルスやフィルムそのものに価値が内在するわけではありません。

書物の場合に限って話しますけれど、「読者がいないが、価値ある書物」というものを考えることはできません。僕はそう考えています。本は「それを読む人」がいなければ無価値です。けれども、著作権について論じている人の多くが問題にしているのは、実際には「本を読む人」ではなく、「本を買う人」なのです。読者ではなく購買者が問題になっている。

作家たちの団体が以前「図書館は新刊書をあまり買うな」という要望をなしたことがありました。図書館が新刊書を買い入れると、利用者は本を買わずに図書館でただで読もうとする。一冊の本を一〇〇人が回覧して読むということは、潜在的には九九人の読者を失っていることになる。それは著作権者の「逸失利益」にカウントされるというロジックでした。

図書館に新刊を入れることに反対する人は、たぶん「自分の本を読む人」よりも「自分の本を買う人」のほうに興味があるのだと思います。だから、「無料で自分の本を読む人間」は自分の固有の財物を「盗んでいる」ように見える。でも、それはかなり倒錯的な考え方のように僕には思えます。

というのは、もしそのロジックを許せば、「読みたい（でもお金が払えない）」という人よりも「金は払う（でも読む気はない）」という人のほうが優先的に配慮されなければならないということになるからです。でも、それを認めたら、「あなたが著作権を有している本を全部定価で買い取って、廃棄処分にしたい（誰にも読ませたくないから）」と要求された場合に、それを断るロジックがなくなる。この申し出を断るためには、「本を買う人」のためではなく、「本を読む人」のために私は本を書いていると即座に断言できなければなりません。この申し出を前に、一瞬でも逡巡《しゅんじゅん》するような人間には物を書く資格はないと僕は思います。少なくとも僕は、その問いを前にして、一瞬でも判断に迷うような人間を「物書き」とは認めません。というのは、本を書くというのは本質的には「贈与」だと僕が思っているからです。読者に対する贈り物である、と。

そして、あらゆる贈り物がそうであるように、それを受け取って「ありがとう」と言う人が出てくるまで、それにどれだけの価値があるかは誰にもわからない。その書きものを自分宛ての「贈り物」だと思いなす人が出現してきて、「ありがとう」という言葉が口にされて、そのときはじめて、その作品には「価値」が先行的に内在していたという物語が出来上がる。その作品から恩恵を蒙《こうむ》ったと自己申告する人が出てきてはじめて、その作品には浴するに値するだけの「恩恵」が含まれていたということが事実になる。はじめから作品に価値があったわけではないのです。

本は「いつでも買えるもの」にせよ

書物の価値はそういうふうに順逆の狂ったかたちで構造化されている。僕はそう思います。ですから、著作権を軽視し、平然と海賊版をつくって金儲けをたくらむ人たちもまた、オリジネイターに「ありがとう」の言葉を惜しんでいる点において、著作権原理主義者と精神的には双子のように似ています。

例えば、著作権に対する意識のきわめて低い国があるとします。そこでは海外の書籍やDVDやCDの海賊版が廉価《れんか》で流通している。その国の人たちは短期的にはそれによって大きな利益を得ることができる。けれども、このような態度はどこかで停止しなければならないと僕は思います。

というのは、他人の創意工夫の成果を他人が模倣し、複製して富を得ることが許される社会では、イノベーターに対する敬意が根づかないからです。自分で身銭を切って、新しいものを創造するよりは、他人が作りだすのを待って、それを横から盗めばいいという考えが支配的な社会では、「身銭を切って、新しいものを作り出そう」という意欲そのものが構造的に破壊されるということです。その国にもイノベーティブな才能は生まれるでしょうが、彼らは自分の創意工夫が剽窃《ひょうせつ》者によって、たちまち貪り食われる社会よりは、オリジナリティが十分な敬意を以て遇される社会で仕事をすることのほうを選ぶでしょう。そのようにして短期的な利益と引き換えに、著作権を軽んじる社会では、創造への動機づけそのものが損なわれる。

　中国のような海賊版の横行する国と、アメリカのようなコピーライトが株券のように取引される国は、著作権についてまったく反対の構えを取っているように見えますけれど、どちらもオリジネイターに対する「ありがとう」というイノセントな感謝の言葉を忘れている点では相似的です。

　著作物は書き手から読み手への「贈り物」です。だから、贈り物を受け取った側は、それがもたらした恩恵に対して敬意と感謝を示す。それが現代の出版ビジネスモデルでは「印税」というかたちで表現される。けれども、それはオリジネイターに対する敬意がたまたま貨幣のかたちを借りて示されたものだと僕は考えたい。すばらしい作品を創り上げて、読者に快楽をもたらした功績に対しては、読者は「ありがとう」と言いたい気持ちになる。言わなければ済まないような気持ちになる。とりあえず、それはいくばくかの貨幣のかたちを取ってオリジネイターに向けて返礼される。

作物の価値は、贈与が行われた後になってはじめて生じる。だから、それをどうやって贈与と嘉納《かのう》が淀みなく進むようなシステムを整備するか、それが最優先の課題になります。だとすると、作物の円滑な移動を阻害するファクターは、いずれも作物の「価値」を減ずるものとみなされなければならない。印刷機械が故障で本が刷れないとか、紙が払底《ふってい》しているとか、交通網が遮断されて配本できないとか、書店がストで本が売れないとか、停電して暗くて本が読めないとか、騒音がひどくて本が読めないとか、奴隷的労働を強いられて本が読めないとか……書き手から読み手への「贈与」のスムースな遂行《すいこう》を妨げるすべてのことは作物の「価値」を減じる方向に作用する。読みたい本をすぐに読むという願いの実現を妨害するすべての社会的要因は出版文化にとってマイナスである。

ある意味、話は単純なのです。僕たちがなによりも優先的に配慮すべきは、読者を創り出すこと、書き手から読み手に向けて、すみやかに本を送り届けるシステムを整備することです。それに尽きる。出版にかかわる諸制度やルールの適否は、その基準にしたがって考量される。

読書人とは誰のことか

多様な趣味嗜好を持ち、多様なリテラシーを備えた読書人こそは、社会の文化的な基礎であり、なによりも物書く人々にとっての最大の支援者です。そのような読書人のしっかりした層を形成することは、書籍にかかわるすべての人間が切望してよいはずのことです。

例えば、図書館はまさにそのような生き生きとした知的な層を作りだし、維持するための装置です。その活動が「自分のところに入ってくるはずだった」いくばくかの印税を減らしているのが、気にくわないというようなことを物書きが口走ってよいのか。

僕たちは全員が、例外なしに、「無償の読者」としてその読書歴を開始します。生まれてはじめて読んだ本が「自分でお金を出して買った本だ」という人は存在しません。僕たちは全員が、まず家の書棚にある本、図書館にある本、友だちに借りた本、歯医者の待合室にある本などをぱらぱらめくるところから自分の読書遍歴を開始します。そして長い「無償の読書経験」の果てに、ついに自分のお金を出して本を買うという心ときめく瞬間に出会います。その本を僕たちは自分の本棚にそっと置きます。自分の本棚に配架される本は自腹で購入した有料頒布のものに限定されます。そこに公共図書館の本や他人の蔵書を並べることはルール違反です。自分の本棚は僕たちにとってある種の「理想我《が》」だからです。「こういう本を選択的に読んでいる人間」であると他人に思われたいという欲望が僕たちの選書を深く決定的に支配しているからです。ジャック・ラカンの言葉を借りて言えば、僕たちの家の本棚は「前未来形で書かれている」と言ってよいでしょう。

「前未来形」というのは未来のある時点で完了した行為や状態について使う時制です。「今日の午後の三時に私はこの仕事を終えているであろう」というようなのがそれです。書棚に配架された本が「前未来形で書かれている」というのは、その書棚に並んだ本の背表紙を見た人が「ああ、この人はこういう本を読む人なんだな。こういう本を読むような趣味と見識を備えた人なんだな」と思われたいという欲望が書物の選択と配架のしかたに強いバイアスをかけているということです。人から「センスのいい人」だと思われたい、「知的な人」だと思われたい、あるいは「底知れぬ人」だと思われたい、そういう僕たちの欲望が書棚にはあらわに投影されている。

例えば、僕の書棚だとハイデガー全集の横にドラえもんの人形（もらいものですけど）が鎮座している。丸山眞男《まさお》の 塊《かたまり》 の横にはダリオ・アルジェントのホラー映画のＤＶＤが並んでいる。それはめんどくさがりなので、手元のものをなんとなく「ほい」とそこに並べてしまったわけですけれど、無意識的にはおそらくある種の「作為」が働いています。それはハイデガーからドラえもんまで、丸山眞男からダリオ・アルジェントまでひろびろとカバーできるような「寛容な知性」の持ち主であるというふうに家に来た人に「思われたい」という僕自身の欲望がそこに露出しているということです。

書棚にどういう本を配架するかということには遂行的な目的があります。単に買った順に並べるとか、著者名のアルファベット順に並べるというようなことを僕たちは決してしません。もし、そんな「奇妙なこと」をしている人がいたとしたら、その人はその人で「本を買った順に並べる、変わった人間だと思われたい」という欲望に支配されていると診《み》立てて大過ありません。

別にオレの家には客なんか来ないから、配架にそんな無意識的欲望のバイアスかかってないぞ、と抗議される方もおられるかもしれません。

そうでもないですよ。

だって、書棚に並んだ本の背表紙をいちばん頻繁に見るのって、誰だと思いますか。自分自身でしょう。自分から見て自分がどういう人間に思われたいか、それこそが実は僕たちの最大の関心事なんです。

書棚に、『三週間で英語がマスターできる』とか『三ヶ月で痩せられるとか』とか『一日三分の努力であなたも富豪になれる』とかいう本の背表紙ばかりずらりと並んでいたら、「オレって、基本的に『インスタントな人間』なんだな……」という実感はしみ込んでくるわけで、そういう認識が自尊感情の涵養《かんよう》に益するということは期待できません。でも、哲学書とか世界文学全集とか詩集とかがずらっと並んでいたら、とりあえず「そういうものを読むような人間になりたい」という自分の願望ははっきり自分宛てに開示されている。

読書歴詐称という知的生活

書棚の効果というのは、変な話ですけれど、学歴詐称《さしょう》にちょっと似ているような気がします。学歴詐称というのは、意外に事例が多いんですけれど、それは「あの大学に受かった」という客観的事実と、「あの大学を受けければ受かったくらいの学力はあった」「あの日風邪を引いてなければ受かっていた」「親が受験料を惜しまなければ受かっていた」といった種類の「たられば」的私念の間に、主観的にはあまり差がないからです。ばれたら社会的な立場を失い、失職するリスクさえありながら、学歴詐称が止まらないのは、「受かったかもしれない」と「受かった」ということの間に主観的な差がないために、詐称を繰り返しているうちに、いつのまにか本人自身がその大学に受かったような気になってしまうからです。僕はそんな気がします。

人間は自分の達成したことについてしばしば「願望」と「事実」を取り違える。たしかに、そういうことがあります。同じことが書棚についても起きているのではないかと僕は思います。

つまり、僕自身がよく経験することなんですけれど、うちに来て僕の書棚を見た人たちは、そこにある本を全部僕が読んでいると思っている。その内容をすっかり理解していると思っている。まさか、そんなわけないのに。

正直に言って、書棚にある本のうち小説やエッセイの類はそこそこ読んでますけれど、哲学書なんかは八割方読んでない。開いたこともない。でも、「いつか読まねば」と思っているから、手に取りやすいところに並べてある。「いつも読むから」手元にあるんじゃないんです。「いつか読まねば」と思っているから手近に置いて、そうやってわが身を叱咤《しった》しているわけです。それを人々は勘違いしてくれる。「ああ、こういうむずかしい本を毎日どんどん読んでいる人なんだ、この人は……」と思ってくれる。

まあ、「そのうち読む予定の本」であるし、「読む気になれば今すぐでも読めないことはない本」であるのだから「読んだ本」と言ってもあながち嘘とは言えまい……というようなことを僕もつい思ってしまう。学歴詐称ならぬ読書歴詐称ですけど、学歴詐称がばれそうで簡単にはばれないように、読書歴詐称も簡単にはばれません。「お前、ヘーゲルのこの『大論理学』読んだの?」「あ、それね、昔読んだけどね、忘れちゃったなあ、ははは」と言っておけば、「ほんとうは読んでないんだろう」というようなきびしい追及がなされることはまずありません。

そもそも、「読んだけどわからなかった本」とか「読んだけど中身を忘れた本」とかを「読んだ本」にカウントすることは許されるのでしょうか。むずかしいところですよね。「読んだけど中身をまるっと忘れた人」と「中身がどういうものかについてある程度の知識はあるけれどまだ読んでいない人」のどちらがその本について「よく知っている」と言えるのか。「まだ読んでいない」人のほうが本の内容についてあれこれと知っていることは決して珍しくありません。映画の場合なんか、見たはずの僕が、プロットも俳優名も監督の名前も何も覚えていなくて(酔っぱらって見ているからしかたがないんですけど)、見てない人のほうがその映画の映画史的意義について詳しく知っているなんてことは日常茶飯事です。

ですから、とりあえず書物に関しては、「読んだ」という事実と「いずれ読みたいと思っている」という願望はそれほどきびしくは差別化されていない。だからこそ、書棚は僕たちの「あらまほしき知的・美的生活」を図像的に表象するものたりうるわけです。書棚は僕たちの「理想我」である、というのはそういう意味です。

竹信くんの書棚

僕たちは書棚に「いつか読もうと思っている本」を並べ、家に来る人たちに向かって、いや誰よりも自分自身に向かって「これらの本を読破した私」を詐称的に開示しています。その詐称から引き出す利益が多ければ多いほど、「これらの本をいつか読まねばならぬ」という切迫感はいや増す。書棚というのは、そういう力動的な構造になっている。

だいぶ話が脱線してしまいましたけれど、僕は電子書籍の話をしようとしていたのです。僕が言いたかったのは、電子書籍について論じるときに、誰ひとり「書棚の意味」について言及しないことです。少なくとも、僕は「書棚」と電子書籍のかかわりについて書かれたものを読んだ記憶がありません。それが僕にはよくわからないのです。だって、本といったら「書棚に置くもの」でしょう。でも、電子書籍は書棚に配架することができない。

電子書籍は家の中を歩く度に背表紙を向けて、僕たちに向かって「（せっかく買ったんだから）はやく読めよ」と切迫してくるということがありません。「このような書物をすべて読破した人間」を理想我としてイメージするときの支えにもなりません。もちろん、ｉＰａｄにダウンロードした電子書籍のリストは画面上の「本棚」に収まっていますから、一瞥《いちべつ》すれば、「自分がどんな本を買ったか」はわかります。でも、それは「自分がどんな本を読むべきか」のリストではありません。だって、電子書籍の最大の利点は「いつでも買える」ということだからです。読みたくなったら、そのときにタイムラグなしに買って読める。それが最大の利点なのだから、本を買い置きする必要なんかない。

でも僕は書籍というのは「買い置き」されることによってはじめて教化的に機能するものだと思っています。その理路はここまで縷々《るる》述べた通りです。

僕たちは「今読みたい本」を買うわけではありません。そうではなくて「いずれ読まねばならぬ本」を買うのです。それらの「いずれ読まねばならぬ本」を「読みたい」と実感し、「読める」だけのリテラシーを備えた、そんな「十分に知性的・情緒的に成熟を果たした自分」にいつかはなりたいという欲望が僕たちをある種の書物を書棚に配架する行動へ向かわせるのです。

書棚の教化的な力については高橋源一郎さんがたいへん興味深い証言をしています。僕とふたりで竹信悦夫《たけのぶえつお》という若くして亡くなった共通の友人（高橋さんは中高で同期、ぼくは大学の同期でした）追悼のための対談をしている中で、竹信くんの書棚について論及した箇所です。その本棚に関するところをちょっと引用します。

「高橋：中2の終わりになって、尊師（注：竹信くんのこと）の家に遊びに行ったんですよ。いまでも覚えているのは、竹信の本棚に谷川雁の『影の越境をめぐって』、『原点が存在する』、『工作者宣言』があったこと。中学生ってこういうの読まなきゃいけないんだと。いま考えてみれば間違ってるよね（笑）。（……）内田さんは竹信の家に行ったことはありますか？

内田：ありますよ。作りつけの本棚がある。

高橋：そうそう、あれが昔からあったんですが、そこにある本のタイトルをね、僕は話をしながらチラチラと見て暗記して、帰って本屋へ行って探す。『原点が存在する』だな、アンリ・ルフェーヴルだな、とか。今から考えれば基礎文献購読だよね、しかも先生は何もおっしゃらない。『ルフェーヴルはおもしろいなぁ』くらい。で、僕は『そうか読まなきゃ』の繰り返し。永遠に追いつけないなと、その時思った。だって竹信君のあの大きな本棚に詰まってる本、あの中に知ってる本が1冊もなかったんだもの。（……）そびえ立つ本棚をバックに話す竹信君には、後光が差しているように見えましたよ。[*13]」

竹信くんの書棚（その中のどれだけを彼がほんとうに読破していたのかは永遠の謎ですけれど）から「後光が差して」見えたという高橋源一郎さんの教化されやすい体質が結果的に恐るべき読書量を誇る「作家・高橋源一郎」を生み出したんじゃないかなと僕は思います。

書棚に置かれる本というのは、高橋さんが経験したように「そうか、読まなきゃ」という切迫をもたらすことによって教化的に機能するのです。そして、「そうか、読まなきゃ」という切迫が僕たちに命じる最初の行動は、「本屋に行って探す」ことであり、入手した本を自分の書棚に並べることなのです。

そして、例えば『原点が存在する』が山崎貞の『新々英文解釈研究』の横に置かれることによって、中学生の私室は一気に「いつか知識人になるぞ」的意欲に満ちた知的空間に変容する。谷川雁《がん》をそのとき中学生の少年が読んでも、たぶんあまり意味はわからなかったと思います。でも、意味がわからなくてもそれは少しもその書物が教育的に機能することの妨げにはなりません。「その本を読み理解しなければならない人間」としての自己規定を引き受けたことによって、少年はすでに未聞の知の荒野に最初の一歩を踏み出しているからです。

本棚の持つ欲望

繰り返しますが、電子書籍の、紙媒体に対する最大の弱点は、電子書籍は「書棚を空間的にかたちづくることができない」ということです。その前を歩いたり、こたつで昼寝をしていて、ふと目を覚ますと背表紙と目が合うというようなことが起こらないということです。「まだ読まれない書物」が日常的に切迫してこないなら、それは「理想我」としては機能できません。「私はこれらの本を読んでいる人間である」ということを人に誇示することもできないし、「私はこれらの本を（いずれ）読み終えるはずの人間である」と自分に言い聞かせて、自己教化の手がかりとすることもできない。

さらに言えば、「蔵書を残す」ということができない。

「蔵書を残す」というのは、学者や文人にとってはほとんど「生き甲斐」と言って差し支えありません。大学図書館にはときどき亡くなった学者の遺族の方から蔵書の遺贈の申し出があります。もちろん無償。唯一の条件は「○○コレクション」というプレートを寄贈した蔵書の棚に掲げて欲しいということだけです。

学者の中には自分の論文や著書よりも、蔵書のほうを「真の業績」だと思っている人が少なからずおります。そういう方の中にはついに著述を世に問うことがないまま亡くなった後に、その浩瀚《こうかん》な蔵書を見た人々が驚嘆するようすを想像してたぶん楽しんでいた人もいたのではないかと思うことがあります。「すごい。これだけ恐るべき学殖《がくしょく》を備えていながら、それをわれわれにはあえて秘していたのだ……」と、生前彼を軽んじていた人々が短見《たんけん》を恥じ入るさまを思い描きつつ、珍書奇書の蒐集《しゅうしゅう》に精を出していた学者たちの数は決して少なくないと僕は思います。

そのような人々にとって「書棚」は「理想我」のなくてはならぬ基盤です。おのれの死後も、その見識の高さや趣味の良さを証言し続けてくれるきわめて忠実な友人です。

でも、それは紙の本だからできることであって、電磁パルスにはそんな芸当はできません。どれほどの碩学泰斗《せきがくたいと》の蔵書であっても、それが電子書籍のかたちであれば、遺族は惜しげもなくハードディスクに収蔵されたデータを「デリート」してしまうでしょう。だって、読みたければいつでも誰でもそんなデータにはアクセスできるんですから、取っておく必要なんかまったくない。そもそも他人のコンピュータの中に収められたデータのリストを見て感心する人間なんかこの世にいません。

他人のiTunesのファイルに何万曲ダウンロードしてあっても、どれほど珍しい音源が収集されていても、誰も「すごいね」とは言いません（言ったとしても、それは「すごい（暇なんだ）ね」という意味です）。

紙の本が電子書籍に対して持ちうる最大のアドバンテージは、電磁パルスは「自我」の幻想的な根拠を構成することができないがゆえに、他者の欲望を喚起《かんき》することができないということです。でも、紙の本を並べた書棚はそれができる。

そんなものどうせ「幻想」なんだから、あってもなくても関係ないね、とおっしゃる方がおられるかもしれません。そうでもないですよ。例えば、紙の本を処分して、蔵書を全部電子化した人の家に遊びに行った場面を想像してみてください。その家には「本棚」というものがないんですよ。たぶん僕たちはそんな家に長くはいられないと思います。息が詰まって。

というのは、その部屋に住む人の「私のことをこんな人間だと思って欲しい」という情報があまりに足りないからです。どういう人だと思って欲しいのか、その「取りつく島」がない。本棚は人間関係を取り結ぶためにきわめて有益な情報を提供してくれます。だって、人と付き合うときに知るべきことは、その人が「ほんとうはなにものであるか」よりもむしろその人が「どんな人間であると思われたがっているか」に決まっているからです。

本はなんのために必要か

電子書籍の出現によって出版文化は危機に瀕《ひん》すると言う人はたくさんいます。けれども、「本棚」の機能について論及する人はいません。どうして誰も本棚のことを問題にしないのでしょう。どうして、その自己啓発的な機能について論じないのでしょう。それはたぶん書籍をめぐる議論のどこかで「読書人」を「消費者」と同定したからだと思います。読者と購入者を同じものだと見なしたことによって、議論が本質から逸脱したのだと僕は思います。「本を買う人」は必要があるから本を買う。消費者モデルを適用すればそうなります。「お腹が空いたのでアンパンを買った」というのと同じように、「その本が読みたかったので、その本を買った」というシンプルで具体的なニーズに基づいて書籍を購入する行動が理解されている。そういう理解で出版ビジネスにかかわっている人は、だから、「どんな本が読まれるか?」という問いでしか出版企画を考えない。

でも、「本を読む人」にとっては話はそれほど単純ではありません。選書と配架におのれの知的アイデンティティがかかっていると思っている人間にとっては、「今読みたい本」と「当面読む気はないのだが、いずれ読まねばならぬと思っている本」と「読む気はないが、読んだと思われたい本」は等価なのです。

ときには、「今読みたい本」を後回しにして、「来週家に遊びに来る人間に誇示したい本」の購入を優先させるということだってある。そこには古今の書物をめぐる欲望や幻想が蜘蛛《くも》の巣のように絡みついている。「読書人」というのは、そのような蜘蛛の巣に絡め取られた人間のことです。読書人は有用な知識や実用的な情報を求めて本を読むわけではありません。今ここにある欠如を満たすために本を選ぶわけではありません。まだここにない欠如を基準に本を選ぶのです。

いつの日か『失われた時を求めて』を掌《たなごころ》を指すように引用できる人間になりたい。いつの日か『存在するとは別の仕方で』を乾いたスポンジが水を吸い込むように読める人間になりたい。そういう種類の「いつの日かこの本を死活的に必要とする人間になりたい」という願望が僕たちを書物に向かわせる。ジェイ・ギャツビーの書棚の本たちがそうであったように、この世界に流通している書物のほとんどはその所有者によってさえまだ読まれていない。書物の根本性格は「いつか読まれるべきものとして観念されている」という点に存します。出版文化も出版ビジネスも、この虚の需要を基礎にして存立しているのです。

出版文化の要件

電子書籍を基盤とするビジネスモデルについて、僕はこれを礼賛する論者たちのように楽観的ではありません。それは端末機器が重いとか軽いとか、画面が見やすいとか明るいとか、起動が速いとか遅いとか、費用対効果がいいとか悪いとかいうレベルの話ではなくて、電子書籍ビジネスが実需要を前提にして設計されているからです。このビジネスモデルは、僕の直感では、本をあまり読まない人間が設計したものです。本をアンパンのように「ときどき欲しくなるもの」というふうにしかとらえていない人間が考案したものです。僕にはそう思われます。

出版文化がまず照準すべき相手は「消費者」ではなく、「読書人」です。書物との深く、複雑な欲望の関係のうちに絡め取られている人々です。出版人たちが既得権を守りたいとほんとうに望んでいるなら、この読書人層をどうやって継続的に形成すべきか、それを最優先的に配慮するべきだろうと思います。

それは「選書と配架にアイデンティティをかける人」の絶対数を増やすことです。この「読書人」たちの絶対数を広げれば広げるほど、リテラシーの高い読み手、書物につよく固着する読み手、書物に高額を投じることを惜しまない人々が登場してくる可能性が高まる。単純な理屈です。図書館の意義もわかる、専業作家に経済的保証が必要であることもわかる、著作権を保護することのたいせつさもわかる、著作権がときに書物の価値を損なうリスクもわかる、すべてをきちんとわかっていて、出版文化を支えねばならないと本気で思う大人の、読書人たちが数百万、数千万単位で存在することが、その国の出版文化の要件です。

そのような集団を確保するために何をすべきなのか、僕たちはそのことから考え始めるべきでしょう。

第七講——贈与経済と読書

贈与と返礼

「本を書くのは読者に贈り物をすることである」と前章で書きました。でも、たぶん僕が言いたかったことは半分くらいしか伝わっていないのではないかと思います。そもそも、世間の人の中には「贈与と、それに対する感謝の気持ち」などというあいまいなものが経済活動の基礎になるはずがないとせせら笑う人がいるかもしれません。でも、別に僕は思いつきを話しているわけではありません。

僕が「感謝の気持ち」といういささか情緒的な言葉で言ったのは、人類学者の言う「反対給付」(contre-prestation) のことです。贈り物に対する返礼義務のことです。マルセル・モースも、ブロニスワフ・マリノフスキも、クロード・レヴィ゠ストロースも人間社会の基幹制度はすべて反対給付義務に基づいて構築されているという仮説に基づいてその人類学モデルを体系化しました。そして、その仮説の妥当性は今のところ反証されておりません。

モースは彼の探究の目的についてこう書いています。

「受け取った贈り物に対して、その返礼を義務づける法的経済的規則は何であるか。贈られた物に潜むどんな力が、受け取った人にその返礼をさせるのか」*14

「贈られた物に潜む力」を軽んじてはいけません。「贈り物」を受け取った者は、心理的な負債感を持ち、「お返し」をしないと気が済まない。この「反対給付」の制度は地上に知られる限りのすべての人間集団に観察されます。

例えば、マオリ族には「ハウ」という霊的贈り物の概念があります。それについてモースの『贈与論』は次のような印象深いインフォーマントの言葉を採録しています。

「仮にあなたがある品物（タオンガ）を所有していて、それを私にくれたとしましょう。あなたはそれを代価なしにくれたとします。私たちはそれを売買したのではありません。そこで私がしばらく後にその品を第三者に譲ったとします。そして、その人はそのお返し（「ウトゥ（utu）」）として、何かの品（タオンガ）を私にくれます。ところで、彼が私にくれたタオンガは、私が始めにあなたから貰い、次いで彼に与えたタオンガの霊（ハウ）なのです。（あなたのところから来た）タオンガによって私が（彼から）受け取ったタオンガを、私はあなたにお返ししなければなりません。（……）それをしまっておくのは正しい（tika）とは言えません。私はそれをあなたにお返ししなければならないのです。それはあなたが私にくれたタオンガのハウだからです。この二つ目のタオンガを持ち続けると、私には何か悪いことがおこり、死ぬことになるでしょう。」[*15]

このマオリ族のインフォーマントのハウについての証言には（いやに入り組んだ話に聞こえるでしょうが）非常に重要なことがいくつか含まれています。

それは贈り物（タオンガ）を受け取った人間は、それをくれた人間に直接お返し（ウトゥ）を返礼するのではないということです。いいものをもらったから「ありがとう」と直接返礼をするわけではないのです。何かをもらった。それを次の人にあげた。そしたら、その返礼が来た。返礼を受け取ったときに、はじめて自分が「パス」したものが「贈り物」であったことに気づく。そういう順番でことは起きています。受け取った返礼は自分の手元にとどめてはならない。返礼は自分のところに退蔵せず、最初の贈り主に差し戻されなければならない。

このプロセスは非常に長いものになる可能性があります。例えば、このインフォーマントが贈った「タオンガ」を受け取った第三者が、それをさらに第四者に贈り、それをさらに第五者に贈り……というふうに続いていった場合。最後の受け取り手である第n者が「おお、これは結構なものをいただいた」と思って、「お返し」をしようと決意したそのときまでそれはタオンガとしては意識されていない、ということです。よろしいですか。ここが話のかんどころなんです。誰かが「これは贈り物だ」と認識して、「返礼せねば」と思うまで、それは厳密な意味では「贈り物」ではないのです。その品物には「ハウ」は含まれない。返礼義務を感じたものの出現と同時に「ハウ」もまた出現する。贈り物そのものには「ハウ」は内在していない。「これは贈り物だ」と思った人の出現と同時に、贈り物は「ハウ」を持ち始める。

「豚に真珠」とか「猫に小判」ということわざに類するものはたぶん世界中にあると思いますが、それが意味するのはまさにこのことです。「これには価値がある」と思う人が出現したときに価値もまた存在し始める。品物そのものに価値が内在するわけではありません。「私は贈り物の受け取り手である」と思った人間が「贈り物」と「贈り主」を遡《そ》及《きゅう》的に成立させるのです。

たぶんこのインフォーマントも、最初に「あなた」から品物を受け取ったとき、別にそれほど価値があるものだとは思わなかったのでしょう。だから「あなた」に返礼もせずに、そのまま誰かに「ほい」とあげてしまった。「私」に「あなた」に対する返礼義務が発生したのは、その品物に価値があると思い、返礼義務を感じた第三者の出現以後です。

あなたが僕にきらきら光る石をくれた。「あ、ども」と受け取ったけれど、別に要らないので、友だちに「あ、これやるわ」と言ってあげた。何人かの手を経巡った後に、「げ、これはダイヤモンドだ」と気づいた人がいて、「このような貴重なものを、とてもただではいただけません」ということで代価を払うことにした。それが回り回って、僕のところまで届いた。これは僕が退蔵してよいはずのものではないから、さらにあなたに戻される。そういう順序です。

「光る石」の価値は、あなたが僕にそれを贈ったときには存在しない。それに対して返礼せねば「何か悪いことが起こり、死ぬ」と思った人の出現と同時に出現する。贈与において、価値の生成は順逆が狂ったかたちで構造化されていると申し上げているのはこのような事態を指しています。

社会制度の起源「ありがとう」

著作物の価値もまたこれと同じ順序で生成するのだと僕は思います。テクストはさまざまな経路を通じて次から次へと手渡されます。その段階では、テクストの手渡しは、本質的には、商取引ではありません。それは「あ、これどうぞ」と無償で供与されます。それがある段階で「反対給付義務」を感じる読者に出会う。「これはすばらしい贈り物を受け取った」と感じたその読者は「お返し」をしないと、自分の身に「悪いこと」が起こると直感する。それゆえ、まずは自分に直接それを贈ってくれた人に「お返し」をする。それを受け取った人も同じように自分にそれを贈ってくれた人に返礼する。そうやってやがて贈与の起源にまでたどりつく。

人間の社会的活動は、ぎりぎりまで骨組みを露出してみると、そういう構造になっている。親族組織も、言語活動も、もちろん経済活動も。クロード・レヴィ＝ストロースはこう書いています。

「親族規則・婚姻規則は集団間での女のコミュニケーションを保証するためのものである。その点では、財貨サービスのコミュニケーションを保証するための経済規則、メッセージのコミュニケーションを保証するための言語規則と変わらない。[*16]」

レヴィ＝ストロースが「コミュニケーション」と呼んでいるのは「交換」のことです。交換が成立するのは何かを受け取ったものは反対給付の義務から逃れられないからです。

親族組織とは「女のコミュニケーション」（communication des femmes）であるという、たいへん誤解の多かった言明の後に、レヴィ＝ストロースはこう続けています。世界中には多様な親族組織・婚姻規則が存在するが、どれにも共通するルールは一つだけしかない。それはすなわち「近親相姦の禁止」である、と。

「近親相姦の禁止とは、言い換えれば、人間社会において、男は、別の男から、その娘またはその姉妹を譲り受けるというかたちでしか、女を手に入れることができないということである。[*17]」

親族組織は、「ある世代において女を譲渡した男と女を受け取った男の間に生じた最初の不均衡は、続く世代において果たされる『反対給付』によってしか均衡を回復されないという事実」[*18]の上に築かれています。その上に氏族や地域共同体や国民国家が重ね書きされている。

ある世代において、「女の贈与」によって生じた不均衡は、次の世代における反対給付によってしか回復されません。自分に贈り物をした直接の相手（義理の父親や妻の兄弟たち）に返礼するのではありません。そうではなくて、別の男に（自分の娘や姉妹を）贈ることが反対給付なのです。贈与してくれた人に直接返礼をしてはならない。パスは次のパッサーに向けて送らなければならない。そのパッサーがまた次のパッサーに送れるように。

「近親相姦」とは誰も反対給付義務を覚えない状況のことです。自分の所有物を自分ひとりで独占的に利用し、誰にも贈与せず、誰にも「パス」を出さなければ、「ありがとう」という言葉を言う人は出現しません。「近親相姦の禁止」とは、「ありがとう」という言葉を誰かが言わない限り人間的な社会は始まらないということです。人間であろうと望むなら、贈与をしなくてはならない。贈与を受けたら返礼しなければならない。すべての人間的制度の起源にあるのはこの人類学的命令です。

小津安二郎の『晩春』（一九四九年）のラスト近く、娘の紀子（原節子）の結婚を控えた曾宮教授（笠智衆）が、最後の親子旅行で訪れた京都の竜安寺の石庭で、旧友小野寺（三島雅夫）を相手にこうつぶやく場面があります。

「持つんならやっぱり男の子だね。女の子はつまらんよ。せっかく育てると嫁にやるんだから。」

小野寺はそれにこう応じます。

「そら、しようがないさ。われわれだって育ったのを貰ったんだから。」

このやりとりのうちにレヴィ＝ストロースが『親族の基本構造』に記した知見は凝集《ぎょうしゅう》されていると僕は思います。

「価値あるもの」が立ち上がるとき

親族を形成するのも、言葉を交わすのも、財貨を交換するのも、総じてコミュニケーションとは「価値あるもの」を創出するための営みです。ことの順序を間違えないでください。「価値あるもの」があらかじめ自存しており、所有者がしかるべき返礼を期待して他者にそれを贈与するのではありません。受け取ったものについて「返礼義務を感じる人」が出現したときにはじめて価値が生成するのです。「価値あるもの」を与えたり受け取ったりするわけではないのです。ひとりの人間が返礼義務を感じたことによって、受け取ったものが価値あるものとして事後的に立ち上がる。僕たちの住む世界はそのように構造化されています。

経済学の本には、人類最初の経済活動は「沈黙交易」であったと書いてあります。沈黙交易というのは、見知らぬ部族同士が、それぞれのテリトリーの境界線上で、顔を合わせることなしに、特産物のやりとりをすることです。

境界線上にある巨石の上とか巨木の下とか、ランドマークのところに一方の部族が自分たちの特産物を置く。それを受け取った他方の部族が自分たちの部族の特産物を置いて返礼をする。その繰り返しから交易活動が始まる。

経済活動の本質がここにははっきり書き込まれています。それは交易は等価交換ではないということです。この両部族は価値の度量衡《どりようこう》を共有していないからです。こちらの部族が珍重するものの価値が他の部族には理解できない。その価値観の非同一性がなければ、そもそも交換は始まりません。だから、沈黙交易において、交易の場に置かれるものはできるだけ「価値のわからないもの」でなければならない。「価値のわかるもの」だと、受け取った側がその等価物を置いたところで交易は終わってしまうからです。
だから、「これはいったいなんだろう？ 何に使うものだろう？」と思案投げ首するようなものが最良の交易品となります。

交易を終わらせないための最良の贈り物は「相手にはすぐにはその価値がわからないもの」です。では、手元にあるもののうちで、「交易相手にすぐにはその価値がわからないもの」という条件をもっとも確実に満たすものはなんでしょう。考えればわかります。それは「自分が別の交易相手からもらったのだが、自分にはその価値がわからないもの」です。

ここにAという部族とBという部族の両方とべつべつに沈黙交易をしているCという部族がいるとします。C族にとって、双方との交易を継続するチャンスを最大化するのは「A族からもらったのだが価値のわからないもの」をB族に贈り、「B族からもらったのだが価値のわからないもの」をA族に贈ることです。

人類史初期の貨幣であったサクラガイは海岸から何千キロも離れた内陸部の遺跡からも発見されています。なぜでしょう。僕はこう考えます。海岸部のクロマニヨン人が内陸部の部族と交易するときに選好したのは何よりもまず「内陸部にいる人間が見たことのないもの」だったはずです。ですから、最初にサクラガイを受け取って「なんだろうこれは？」と困惑した内陸部の部族が別の部族と交易するときには、サクラガイを贈り物に選ぶ確率が高い。「自分たちが見たことがないもの」はたぶん交易相手にとっても「見たことのないもの」であろうというのは合理的な推論だからです。おそらく、そんなふうにして、きわめて短い間に、限定的な地域以外では「なんだかよくわからないもの」であったサクラガイが数千キロを旅することになった。僕はそんなふうに想像します。それがなんであるかが容易に特定できないものが交易品としては望ましいから。

勘違いできる能力

他者から贈与されるものは、「それがなんだかよくわからないもの」であることが多い。これこそ、贈与のサイクルが始まるために必須の、ほとんど死活的な条件であると僕は思います。というのは、そうであれば、何を見ても「これはもしかすると私宛ての贈り物ではないか？」と考えることができるからです。

「沈黙交易」が始まった、その起源の瞬間を想像してみてください。ある日歩いていたら、自分たちのテリトリーのはずれに、「何か見知らぬもの」が置いてあった。人工物でもいいし、自然物でもいい。とにかく「ふつうはそこにないもの」があった。それを隣人からの「贈り物」だと思ったことから沈黙交易は始まった。たぶんそういうことだと思います。

でも、これを「贈り物」だと思ったのはもしかすると早とちりだったのかもしれない。隣の部族の人が「要らない」と思って棄てていったものかもしれない。風や水に運ばれて、あるいは他の動物が咥《くわ》えて持ってきたものがたまたまそこに転がっていただけなのかもしれない。でも、それを「自分宛ての贈り物ではないか」と思った人がいた。そして、返礼義務を感じた。すべてはそこから始まった。

「価値あるもの」がまずあったのでもないし、「誰かにこれを贈与しよう」という愛他的な意図がまずあったのでもない。たまたま手にしたものを「私宛ての贈り物」だとみなし、それに対する返礼義務を感じた人間が出現することによって贈与のサイクルは起動した。人間的制度の起源にあるのは「これは私宛ての贈り物だ」という一方的な宣言なのです。おそらく、その宣言をなしうる能力が人間的諸制度のすべてを基礎づけている。ですから、端的に言えば、何かを見たとき、根拠もなしに「これは私宛ての贈り物だ」と宣言できる能力のことを「人間性」と呼んでもいいと僕は思います。

小津安二郎はコミュニケーションということだけを、ほとんどそのことだけを主題にして映画を作り続けました。日本社会の片隅で日常的に起きているふつうの出来事を淡々と写し取った小津作品が死後半世紀を経てもなお世界的なポピュラリティと崇敬を享受しえているのはなぜでしょうか。それは小津がコミュニケーションというものの本質を見抜いていたからだと僕は思っています。さきほどは『晩春』の一シーンを引用しましたけれど、『お早よう』(一九五九年)にも印象深いシーンがあります。

『お早よう』には子どもたちが「おならでコミュニケーションする」というエピソードが繰り返しでてきます。おでこを押すと、「ぷ」とおならをして返すという遊びが子どもたちの間で流行《はや》っているのです。コール&レスポンス、コンテンツ抜きの純粋なコミュニケーションのゲームです(「おなら」の場合は「コンテンツ」を出しちゃった子どもはパンツを汚すことになりますから、これは絶対の禁忌です)。

「善ちゃん」はこのおならコミュニケーションの名人で、子どもたちの間では一種の英雄です。「善ちゃん」のお父さんの善之助(竹田法一)はさらに年季の入った「おなら遣《づか》い」で、出勤前にも身支度しながらぶいぶいとおならを鳴らしています。台所仕事をしている奥さんのしげ(高橋とよ)がそれに反応して茶の間に顔を出して「あんた、呼んだ?」と声をかけます。善之助は「いいや」と答えます。再び、おなら。再びしげ、台所から出てきて「なあに?」と問いかける。すると善之助は「ああ、あのね、今日亀戸の方行くけど、くず餅でも買ってくるか」と気づかいを示します。その優しい言葉にしげは微笑《ほほえ》んで「そうね、買ってきてよ。ああ、いいお天気」と、夫の勤労の一日に祝福を送ります。映画館が爆笑に包まれるギャグなのですが、僕はすばらしい場面だと思います。

しげは夫が意味なく発信した「おなら」を自分宛ての呼びかけだと「誤解」し、それに二度律儀に応答した「功績」によって、夫からの優しい気づかいを引き出すことになります。僕はこれこそ沈黙交易の原点において演じられた根源的なドラマの「うつし」だと思うのです。無意味に置かれたものを自分宛てのメッセージ、自分宛ての贈り物だと「錯覚」した人間がいて、その人が反対給付義務を誠実に履行したことによって、そこにコミュニケーションの回路が立ち上がる。無意味な偶然的音響を「自分を呼ぶ声」だと聞き違えた人間によって世界は意味を持ち始める。そういうことだと思うのです。世界を意味で満たし、世界に新たな人間的価値を創出するのは、人間にのみ備わった、このどのようなものをも自分宛ての贈り物だと勘違いできる能力ではないのか。

価値はそのものの中にはない

ずいぶん長い迂《う》回《かい》をしてしまいました。どうしてこんな話になったか、覚えていますか（お忘れでしょうが）。贈与の話を始めたのは、著作権の話に決着をつけるためだったのです。著作権というものについて原理的に考えるためには、どうしてもコミュニケーションという人類学的な根本事実にまで言及せざるをえない。だからここまで長い話をしたのです。

僕が言いたかったことは、人間たちの世界を成立させているのは、「ありがとう」という言葉を発する人間が存在するという原事実です。価値の生成はそれより前には遡ることができません。「ありがとう」という贈与に対する返礼の言葉、それだけが品物の価値を創造するのです。

別にそれほど奇《き》矯《きょう》なことを僕は言っているわけではありません。致死的なウィルスのせいで人類最後のひとりとなった人のことを想像してみてください。彼には「価値あるもの」を創り出すことがもうできません。彼が宇宙の神秘を解明する最終定理を発見しても、不老不死の秘薬を発明しても、それに対して「ありがとう」と言ってくれる人がもうひとりもいないからです。

でも、彼にとって価値あるものは存在します。先人が彼のために遺しておいてくれたもの、住居や食糧や書物や音楽や（生きるのに飽きた場合のための）銃器や毒薬に対してなら、彼は「ありがとう」とつぶやくことができます。その感謝の言葉を通じて、彼は人類に向けて最後の祝福を贈ることができます。そして、彼が死を迎えたとき、誰も聞く人がいないままに、かすれ声で「ありがとう」とつぶやくとき、人類の全歴史は「価値あるもの」として、誰も記憶する人のいない記憶の中に、はなやかに封印されることになります。

人類最後の人がつぶやく「ありがとう」は、創世記の冒頭の造物主の「光あれ」と同じくらいに、もしかするとそれ以上に、価値生成的なものなのです。

沈黙交易の起源から、人類の終わりまで、ＳＦ的想像力を駆使してもらいましたが、それは「ものそれ自体に価値が内在するわけではなく、それを自分宛ての贈り物だと思いなした人が価値を創造する」という公理を共有したかったからです。

著作権についての議論には、その点についての倒錯があるように僕には思われるのです。

「著作物それ自体に価値が内在している」というのが著作権保護論者たちの採用している根本命題です。読者がいようといまいとそれには価値がある。だからこそ、それを受け取った者は（その価値を認めようと認めまいと）遅滞なく満額の代価を支払う義務がある。このようなロジックを掲げる人は、「贈与を受けた」と名乗る人の出現によってはじめて価値は生成するという根源的事実を見落としています。「私は贈与を受けたので返礼義務を負う」と宣言する人が出現するまで、贈与者は待たなければならないということを理解していない。

いや、「待つ」という言い方は論理的には不正確ですね。というのは、「私は贈与を受けた」と名乗る人が出現するまで、権利上、贈与者は存在しないからです。「贈与を受けた」という名乗りこそが「贈与者」にその資格を授権するのです。

無償で読む人を育てよ

読者というのは、本を書いているときにも、それを出版したときにも、それが取次に送られたときにも、書店に配架されたときにも、まだ実体としては存在しません。それは書かれた本を読んで、それを「タオンガ」だと認識し、「ウトゥ」の返礼義務を感じる未来の人間として、仮説的にしか存在しない。「まだ読まれていない書物」の価値をとりあえず構成しているのは「前倒しされた読者」なのです。書物の「今ここでの価値」というものは存在しません。それは「未来の読者からの返礼」の前払いを受け取るという暫定的なかたちでしか存在しえない。

しかし、今の著作権をめぐる議論を聴いていると、まるで人々は書物そのものには無時間的に価値があると思っているように聞こえます。

日本文藝家協会は著作権については一貫して著作権者を保護する立場にありますけれど、その言い分には頷けないものが含まれています。グーグルによるネット書籍検索について協会から送られたパンフレットにはこうありました。

「ネット検索だけで調べ物ができるということになれば、それは書籍の売り上げに影響します（……）新刊書の場合は読める部分が2割程度に限定されるとはいっても、短編小説なら全文読めてしまいますし、コラムや詩、短歌、俳句なら、1ページ読んだだけで作品の全体をただで読めることになります。（……）いずれにしても、著作権者が不利な立場におかれることはまちがいありません。[*19]」

本を読むための機会はできるだけ多様で多種であったほうがいいと僕は思っています。図書館で読む人も、友だちから借りて読む人も、家の書架に家族が並べておいた本を読む人も、ネットで公開されたものを読む人も、多ければ多いほどよいと思う。けれども、今挙げたのはみな「自分では本を購入しない読者」たちです。こんな読者の数がいくら増えても、たしかに著作権者には一文の利益ももたらさない。けれども、じゃあ、「本を読むが、買わない」読者はいてもいなくても同じだということになるのでしょうか。僕はそうは思いません。

前にも申し上げましたが、「本を自分で買って読む人」はその長い読書キャリアを必ずや「本を購入しない読者」として開始したはずだからです。すべての読書人は無償のテクストを読むところから始めて、やがて有償のテクストを読む読者に育ってゆきます。この形成過程に例外はありません。ですから、無償で本が読める環境を整備することで、一時的に有償読者が減ることは、「著作権者の不利」になるという理路が僕には理解できないのです。

無償で読む無数の読者たちの中から、ある日、そのテクストを「自分宛ての贈り物」だと思う人が出てくる。著作者に対して反対給付義務を感じて、「返礼しないと、悪いことが起きる」と思った人が出てくる。そのときはじめて著作物は価値を持つ。そのような人が出てくるまで、ものを書く人間は待たなければならない。書物の価値は即自的に内在するのではなく、時間の経過の中でゆっくりと堆積《たいせき》し、醸成されてゆくものだと僕は思っています。

けれども、商取引モデルで書籍を論じる人は「待つ」ということができない。それは「待つ」ことは「損すること」だと教えられているからです。ベンジャミン・フランクリンの Time is money という教えをその通りに信じているから。

ビジネスマンの理想は「無時間モデル」です。商品の引き渡しと代金の支払いの間のタイムラグがゼロであること。cash on delivery、それがビジネスマンの夢です。贈り物が何人かの手を経巡って、何巡目かで「これは贈り物だ」と思う人に出会うまで待つ、というような理路は彼らには理解不能です。けれども、それは彼らがスーパーリアルにエコノミカルであるからではなく、経済活動というものの起源も目的も忘れてしまったからだと僕は思います。

第八講

わけのわからない未来へ

拡がる「中規模」メディア

マスメディアについて、出版文化について、電子書籍について、著作権について……とメディアのホットポイントについて、急ぎ足で一覧してきました。メディアはいま大きな変革のとば口に立っています。そのことについては、どの論者たちも意見は一致しています。「紙と活字の文化からインターネットへのシフト」がその軸になるという見通しでも一致しています。ニュースも動画も音楽もネットでのオンデマンド配信が中心になる。書籍は電子書籍をｉＰａｄのようなデバイスにダウンロードして読むのが主流になる。マスメディアが担当していたニュースの解析や分析は「ミドルメディア」の担当に移行する……などなど。

「ミドルメディア」というのは聞き慣れない言葉ですけれど、マスメディアとパーソナル・メディアの間にある中間的な圏域を指す新しい用語です。佐々木俊尚《としなお》さんによるミドルメディアの定義は「特定の企業や業界、特定の分野、特定の趣味の人たちなど、数千人から数十万人の規模の特定層に向けて発信される情報」[*20]というものです。

例えば、本書は「数千人から数十万人規模」の読者を想定しています（「数十万人」というのはあくまで希望的観測ですが）ので、規模的には「ミドルメディア」ですが、大手の出版社を通じて、伝統的な書籍販売方式で頒布されていますので、形式的には「マスメディア」の中の「小商い」ということになります。

それに対して、僕のブログは典型的なミドルメディアです。いろいろなトピック（政治、文学、教育などなど）についての私見を発信して、アクセス数が一日平均一万五〇〇〇、多い日は三万を超えることもあります。月のページビューが五〇万超ということは、「あまり売れない月刊誌」より、のべ読者数は多いということです。

総数六〇〇万と呼ばれるブログには、これまで身辺雑記エッセイが多く含まれていました。ところが、ここにツイッターという新しいメディアが出てきました。これはいかにも日常の出来事を「随筆風」に点描するのにジャストフィットなツールですので、ブログ日記の書き手たちの相当数はすでにツイッターに流れています。いずれ、ブログにはそういう「やわらかいネタ」を控除した残りの、政治経済社会文化のもろもろの事象についての「演説」に類するものが残されるのではないかと僕は予測しています（はずれるかもしれませんけど。ネットの未来のことなんか、誰にもわかりませんから）。

でも、そうなると、ブログのコンテンツはますますマスメディアのそれと「かぶる」ことになります。ネットの読者たちも、そのうちに「このトピックについては○○ブログの情報精度が高い」とか「この論点については××の分析が読ませる」とかいった情報をツイッターなどでばんばん流すようになるでしょう。その流れは止められないだろうと思います。

マスメディアに内在する「すり合わせ」

僕自身、マスメディアにも寄稿する立場なので、マスとミドルの違いは実感できます。例えば新聞社から電話取材でコメントを求められたりすることがあります。電話口で話したときの「棘《とげ》」や「毒気」は記事になったときにはきれいに抜かれて、無難なコメントに収まってしまう。それはマスの場合はしかたがないのだろうと思います。最初から「ウチダはこの事件についてどうコメントしているのかしら」と思って僕のブログめざして読みに来る人と、ぱらりと朝刊を開いたらいきなり僕のコメントが眼に入ったという人では心の準備が違いますから。

ブログの場合、「自分とぜんぜん意見が違うので、読むと腹が立つ」ような人間のものを読みにゆくのはよほど暇な人だけです。でも、新聞やテレビの場合は違います。うっかり無防備にしているときに、「自分とぜんぜん意見の違う人」の意見を読まされ、聞かされてしまうことがありえる。それは場合によっては不愉快を通り越して、心の傷になることだってあります。

　ですから、立場も意見も感覚も異にする不特定多数の人を読者・視聴者に想定するマスメディアでは、「当たり障りのないこと」を報道するということにたしかに配慮しなければならない。前のほうでマスメディアを論じたとき、その「世論」に対する迎合的態度をずいぶん批判しましたけれど、あれはよく考えると少し言いすぎで、マスメディアの場合はそれも多少しかたがない部分があるのです。あくまで「多少」ですけど。

　政治的意見などについては「あまり過激なのは、ちょっと……」という新聞社の立場はわかるのです。ただ、「こういうむずかしい言葉は使わないでください」というタイプの規制については、僕は不満です。「自分と意見が違うので腹が立つ」という読者に対して僕はその気分を配慮するにやぶさかではありませんが、「自分の知らない文字が書いてあるので腹が立つ」という読者を配慮する気にはなれません。政治的意見のすり合わせには時間も手間もかかりますし、それでも合意形成できない可能性は高い。でも、「知らない文字」は辞書をひけば意味がわかる。辞書をひく手間を惜しむような読者のために文章をやさしく書き直すのは、僕はご免です。それで新聞社のデスクたちとは何度もぶつかりました。「あなたのところの新聞はリテラシーのいちばん低い読者を基準に紙面を作られているんですか?」と訊いたこともあります。平均的読者のリテラシーに「合わせる」ことか、読者のリテラシーを「向上させる」ことか、どちらが本務なんですかと問いかけたこともあります。まあ、そういうふうに怒る僕のほうが短慮なのですけれど、それでもマスメディアには無難な情報を選好し、読者を不意打ちするような情報を忌避する傾向があるのは間違いありません。

ミドルメディアは自粛しない

その結果、情報がどんどん「口当たりのよい」ものになる。少しきつい言い方をすれば、複雑な話を単純な定式にはめ込むことになる。この傾向が外交内政を問わず政治にかかわる報道の質を著しく劣化させていると僕は思います。たしかに世界情勢はきわめて複雑ですし、見通しが悪い。あまりに変数が多くて、今何が起きているのかを読者に説明することはむずかしい。それはわかります。でも、その結果何が起きているかというと、国際情勢についてては通信社のニュースを機械的に配信するだけ、内政については「善悪二元論」で「犯人捜し」と「ワルモノ叩き」を繰り返すだけ。メディア独自の個性的でかつ射程のひろい見識に触れて、一気に世界の見通しがよくなった、というようなことを僕はもう久しく経験していません。それが無理ならせめて、複雑な事象を複雑なまま提示するというくらいの気概は示してもよいと思うのです。

けれども、マスメディアは複雑な話を単純化して読者に飲み込み易く加工するという「書き癖」をどうしても自制できない。それは繰り返し言っているように、結局は読者を「消費者」だと見なしているからだと思います。「できるだけ安い代価で質のよい情報を手に入れようとしている」人たちだと思っている。だから、読者に知的負荷を課すような記事が書けない。辞書をひく手間をかけさせられない。そんなことをしたら、もっと「リーダーフレンドリー」な他紙へ移ってしまうことを恐れている。自分で自分を縛っているのです。

そういうのはまずいんじゃないかと僕は思います。たしかに、マスメディアは巨大なビジネスですから、消費者のニーズに合う紙面を作らなければならないということは理解できます。消費者のリテラシーが下がれば、それに合わせて報道や解説の質も下げなければならない、という切ない事情もわからないではありません。市場原理を適用すれば、そうなる他ない。でも、それを認めてしまえば、メディアの知的なクオリティは無限後退するしかないでしょう。

ミドルメディアの相対的な有利はその点にあると僕は思っています。たしかにミドルメディアは送信コストが安い。でも、問題はコストじゃない。もともと営利目的で始めたことではないからです。

僕が自分のサイトの管理のために投じているコストはたぶん年間で二〇万円くらいです。当たり前ですが、別にそれを回収するために発信しているわけではありません。最初から「持ち出し」のつもりです。自分のお金と時間を使って書かせてもらう。その代わり、「それは私と意見が違うからそんなことを書くな」とか「お前の話はわかりにくいから簡単にしろ」というような「消費者」的デマンドにはいっさい配慮しない。語彙《ごい》についての規制もしないし、新聞が「自粛」する言葉もどんどん使う。場合によっては、話が尻切れトンボになっても、前に書いたことと整合しなくても、構わない。何を書いても、誰にも怒られない(怒っている人がいるのかもしれませんけれど、その声はさいわい僕には届きません)。それがミドルメディアの書き手であることの最大の利点だと僕は思います。

そして、そうやって多年にわたり、読者に向けて無償の情報を発信し続けることを通じて、結果的には「これくらいのクオリティの文章なら、有償で購入してもよい」という人が出現してきた。

それは、ある意味では、化粧品の試供品と一緒だと思います。とりあえず無料でじゃんじゃん配る。使ってみた人が「あ、これならお金出して買ってもいいや」と思えば、そこにビジネスが成立する。あくまで「ある意味では」ですけど。

「ただ」のものの潜在的価値

でも、ほんとうに大事なのはそのことではありません。僕の出す本の半分くらいはネット上に発表したものを編集者がエディットした「コンピレーションアルバム」です。試供品どころか、本の全部を（検索の手間さえ惜しまなければ）無料で読めるのです。にもかかわらず、ただで読めるものにお金を払ってくれる人がいる。

この逆説的な事実について、納得のゆく説明をしてくれた人に僕は今まで会ったことがありません。それは市場における商取引モデルで「テクストの書き手とその読者」の関係をとらえている限り、理解できない事態だからです。マーケットには、ただで持って行ける商品に代価を払う消費者は存在しません。

でも、実際にはそういう反消費者的なふるまいをする人は存在するのです。田舎のほうにゆくと、ときどき無人で地場の野菜を売っているところがありますね。「ジャガイモ一袋一〇〇円」とか。あれもただで持って行ってしまう人や、売上金を盗む不心得者もいるのでしょうけれど、たぶんおおかたの人はちゃんと代金を置いていっていると思います。そうでなければ、無人販売システム自体がとうに消滅しているはずですから。

「無料で読めるテクスト」にわざわざお金を払ってくれる読者のありようは、ただで持っていける「ジャガイモ」のために財布から一〇〇円玉を出して置いてゆく人に近いように僕には思われます。

ただで読めるものにお金を払うのは、消費者モデルに準拠する限り「ありえない」ふるまいです。でも、そういうふるまいをする読者が現に存在する。それは、読者のすべてが消費者であるわけではないということを意味しています。モースのインフォーマントが言うように、「私たちはそれを売買したのではありません」。

まず「ジャガイモ」の無償供与がある。それを家に持ち帰って、奥さんに「はい、お土産」と手渡したら、ビールのアテにポテトサラダを作って出してくれて、それがたいへん美味しかった……というような未来において予測される快楽を前倒しにすることで、「一〇〇円置いてゆく」という行為が返礼義務として意識される。

ネット上で僕の無料テクストを読んだ後に、「これは無料で読んじゃったけど、一応お礼くらいしておいたほうがいいのかな」と思った人がいた。もちろん、全員ではありません。一部です。でも、僕は一部でいいと思います。

「お礼をしたほうがいいかな」という反対給付義務を感じるかどうかは、あくまで受け取った人の問題ですから。僕が最初に無償で贈与したものに価値があったかどうかは、僕には決められません。『お早よう』の「しげ」のように、「おなら」を自分宛ての呼びかけだと錯覚したことによって、そこから親密なコミュニケーションが始まることだってある。もしかすると「そういうこと」のほうがコミュニケーションの本筋なのかもしれない。

僕が何かを書く。それを読んだ人の中に、「これは自分宛ての贈り物」だと思ってしまった人がいる。返礼をしなければならないと思ってしまった人がいる。メールや手紙で直接感想を書き送ってくる人もいます。大学まで会いに来る人もいる。大学院の聴講生になる人もいる。合気道に弟子入りする人もいる。いろいろ。でも、大多数はとりあえず本を買う。いちばん簡単だから。

逆に、ときどき僕の書いたものを読んで「自分宛て」の罵倒や当てこすりだと思って、怒り狂ったメールを送りつけてくる人がいます。そういう人に向かっても「僕はそんなことを言おうとしたのではありません」というような言い訳はしません。その方がどう読もうと、「誤読」する神聖なる権利は彼または彼女のものであり、書き手はそれを尊重しなければならない。

僕は自分の書くものを、沈黙交易の場に「ほい」と置かれた「なんだかよくわからないもの」に類するものと思っています。とりあえずそこに置いてある。誰も来なければ、そのまま風雨にさらされて砕け散ったり、どこかに吹き飛ばされてしまう。でも、誰かが気づいて「こりゃ、なんだろう」と不思議に思って手にとってくれたら、そこからコミュニケーションが始まるチャンスがある。それがメッセージというものの本来的なありようではないかと僕は思うのです。

贈り物を察知する人が生き残る

メディアの危機に際会して、僕がいちばん痛切に感じるのは、この「これは私宛ての贈り物ではないか？」という自問がどれほどたいせつなものかを僕たちが忘れ始めていることです。この自問の習慣のことを、かつてクロード・レヴィ＝ストロースは「ブリコルール」(bricoleur) という言葉で説明したことがあります。「ブリコルール」というのはフランス語で、「日曜大工」とか「器用仕事をする人」とかいうことですけれど、要するに「手元にある、ありあわせのもので、なんとか当座の用事を間に合わせてしまう人」ということです。資源の乏しい環境におかれた人間は「ブリコルール」的に生きる他ありません。山奥で暮らすときとか、ヨットで船旅をしているときとか。そして、人類史のほとんどの時間を人類は「手元にあるありあわせのもの」で間に合わせるしかないという状況で生きていました。あれがないから、ちょっとコンビニで買ってきて、というわけにはゆかない。ですから、ブリコルール的な潜在能力は僕たちには生得的にビルトインされている、はずです。

マトグロッソのジャングルの中で採取と狩猟の生活をするインディオの生活をフィールドワーカーとして観察したときに、レヴィ＝ストロースはインディオたちが限られた資源を最大限に有効利用するために、環境に対して独特の踏み込みをする習慣を持っていることを知りました。ジャングルの中でふと目についたものがあると、彼らはそれを熟視して、こう自問するのです。「こんなものでもそのうち何かの役に立つんじゃないかな？」(Ça peut toujours servir?)。[*21] これこそすぐれてブリコルール的な問いなのですが、この言葉はおそらく沈黙交易の起源において、テリトリーのはずれで、「なんだかよくわからないもの」に遭遇して、それを「贈り物」と考えたクロマニヨン人の考えと、本質的には同型のものだろうと思います。その「なんだかよくわからないもの」がいつ、どのような条件の下で、どんなふうに「役に立つ」ことになるのか、今の段階ではわからない。そもそもその価値や有用性を考量する手持ちの度量衡がないからこそ、それは「なんだかよくわからないもの」と呼ばれているわけです。

でも、ある種の直感は、それが「いつか役に立つ可能性がある」ことを教えます。そのような直感が活発に働いている人だけが「いつか役に立ったときに、『ああ、あのときに拾っておいてよかった』と思っている自分の感謝の気持ち」を前倒しで感知することができる。だとしたら、それは、さしあたりは意味も有用性もわからないものですが、その人にとっては、すでに「贈り物」なのです。

映画ではよくあります。登場人物が物語の途中で、何かを拾う。あるいは置いていこうとしたものを、なにかのはずみでポケットにしまう。そういうシーンが大写しになったら、それは伏線です。必ず後で「それがあったおかげでピンチを脱出した」という展開になります。よくあるのは、「聖書」と「家族の写真を納めたロケット」。これは胸を銃撃されて、誰もが死んだと思ったときに、聖書やロケットが代わりに銃弾を受けて生き延びた……という話につながります。似た話があまりに多いところから考えると、これはずいぶんと起源の古い説話原型なのでしょう。その教訓は明らかです。人が「無意味」だと思って見逃し、捨て置きそうなものを、「なんだかわからないけれど、自分宛ての贈り物ではないか」と思った人間は生き延びる確率が高い。そういうことです。

メディアとは「ありがとう」という言葉

この後期資本主義社会の中で、めまぐるしく商品とサービスが行き交う市場経済の中で、この「なんだかわからないもの」の価値と有用性を先駆的に感知する感受性は、とことんすり減ってしまいました。

それもしかたがありません。僕たちの資本主義マーケットでは、値札が貼られ、スペックが明示され、マニュアルも保証書もついている商品以外のものには存在する権利さえ認められないんですから。その結果、環境の中から「自分宛ての贈り物」を見つけ出す力も衰えてしまった。

けれども、これはかなり深刻な事態だと僕は思います。出版不況などというレベルにとどまらない、もっと根源的なところでの人間の生きる力が衰弱している徴候だと思います。生き延びるチャンスを自分自身で削り減らしている。

「私は贈与を受けた」と思いなす能力、それは言い換えれば、疎遠であり不毛であるとみなされる環境から、それにもかかわらず自分にとって有用なものを先駆的に直感し、拾い上げる能力のことです。言い換えれば疎遠な環境と親しみ深い関係を取り結ぶ力のことです。

同じことは人間同士の関係でももちろん起きます。自分にとって疎遠と思われる人、理解も共感も絶した人を、やがて自分に豊かなものをもたらすものと先駆的に直感して、その人のさしあたり「わけのわからない」ふるまいを、自分宛ての贈り物だと思いなして、「ありがとう」と告げること。

人間的コミュニケーションはその言葉からしか立ち上がらない。

それは「おのれを被造物であると思いなす」能力が信仰を基礎づけ、宇宙を有意味なものとして分節することを可能にしたのと、成り立ちにおいては変わらないと僕は思います。信仰の基礎は「世界を創造してくれて、ありがとう」という言葉に尽きるからです。自分が現にここにあること、自分の前に他者たちがいて、世界が拡がっていることを、「当然のこと」

ではなく、「絶対的他者からの贈り物」だと考えて、それに対する感謝の言葉から今日一日の営みを始めること、それが信仰ということの実質だと僕は思います。

人間を人間的たらしめている根本的な能力、それは「贈与を受けたと思いなす」力です。この能力はたいせつに、組織的に育まなければならない。僕はそう思います。ことあるごとに、「これは私宛ての贈り物だろうか？」と自問し、反対給付義務を覚えるような人間を作り出すこと、それはほとんど「類的な義務」だろうと僕は思います。

しかし、今の社会に、こんな言葉づかいで経済活動について語る人間はいません。少なくとも、僕は会ったことがない。今僕たちはメディアのことを問題にしているわけですけれども、メディアについて語る無数の言葉のうちに、「贈与と反対給付義務」という枠組みでメディアを論じているものは見当たりません。ほとんどの人たちはひたすら「ビジネス」について語っています。財物であるテクストをそれと等価の貨幣と遅滞なく交換する仕組みをどうやって構築するか、もっぱらそれを語っている。そこには、「パスしたもの」がいつか「これは私宛ての贈り物だ」と思いなす人に出会うまで、長い時間をかけて、長い距離を旅しなければならないという考えの存立する余地はなさそうです。

生き延びられるものは生き延びよ

僕のメディアについての話はこれで終わりです。これからマスメディアの世界でキャリア形成をしてゆこうという志望を抱いていたみなさんには、あまり希望が持てない話ばかりになってしまって、申し訳ありません。でも、僕は、どんな場合でも、自分たちが含まれているシステムがどういうふうに成り立っているのかがあきらかになるという経験を歓迎することにしています。

システムは順調に機能しているときは、それがどういうふうに構造化されているかは露出しません。ちょうど地震や火事で、家の外装が剥がれたときに、家の構造が露出するように、危機的なときにはじめてシステムの根本構造はあらわになる。メディアにとって、今はそういう時機だと思います。

おそらくあと数年のうちに、新聞やテレビという既成のメディアは深刻な危機に遭遇するでしょう。それがどういうかたちになるのかは予想できません。出版もその様態を大きく変えることでしょう。電子書籍と紙媒体の「棲み分け」がどういうかたちで安定するのか、これについても予測は困難ですが、いずれにせよ既存のビジネスモデルは「抜本的再編」と「瓦解《がかい》」の間のどこかに着地することになるでしょう。

この危機的状況を生き延びることのできる人と、できない人の間にいま境界線が引かれつつあります。それはＩＴリテラシーの有無とは本質的には関係ありません。コミュニケーションの本質について理解しているかどうか、それが分岐点になると僕は思っています。

メディアの危機については、僕もその当事者のひとりですから、「痛み」を覚えます。けれども、それによって、コミュニケーションの本質が開示され、それについて徹底的に再考する機会が提供されたのだとすれば、そのことは肯定的に評価すべきだろうと思っています。

これまで繰り返し書いてきたように、どのような事態も、それを「贈り物」だと考える人間の前では脅威的なものにはなりえません。みずからを被贈与者であると思いなす人間の前では、どのような「わけのわからない状況」も、そこから最大限の「価値」を引き出そうとする人間的努力を起動することができるからです。

今遭遇している前代未聞の事態を、「自分宛ての贈り物」だと思いなして、にこやかに、かつあふれるほどの好奇心を以てそれを迎え入れることのできる人間だけが、危機を生き延びることができる。現実から眼をそらしたり、くよくよ後悔したり、「誰のせいだ」と他責的な言葉づかいで現状を語ったり、まだ起きていないことについてあれこれ取り越し苦労をしたりしている人間には、残念ながら、この激動の時機を生き延びるチャンスはあまりないと思います。

Sauve qui peut（ソーブ・キ・プ）というのは船が難破したり、前線が崩壊したりしたときに、船長や指揮官が最後に宣言する言葉です。「生き延びられるものは生き延びよ」。どうすれば生き延びられるのか、それについてのマニュアルやガイドラインはもうありません。みなさんの健闘を祈ります。

あとがき

最後までお読みくださってありがとうございます。

いかがでしたか、メディア論。メディアはいま歴史的な激変期にあります。だから、うっかり先端的な話題に言及すると、二、三年後に読んで「これ、いつの話?」というくらい時代遅れになってしまうリスクがあります。

でも、これまで出した街場シリーズは、「アメリカ論」も「中国論」も「教育論」も、どれもそういう危ない論件を扱っていました。どうやら僕には、「すぐに賞味期限が切れるリスクがあるトピック」を扱う傾向があるようです。もし、僕の分析がそれらの問題群に伏流している「簡単には変わらない本質的構造」にまで届いていたら、賞味期限はそれだけ先に延ばせるけれど、分析の射程が短ければ、賞味期限はすぐ切れる。自分の分析力を自己点検するためにも、好んで「腐りやすい」イシューを扱うというのは、たぶん僕の悪癖の一つなのでしょう。さて、今回のメディア論の賞味期限はどこまで保つでしょうか。

この「あとがき」を書いているのは二〇一〇年六月中旬、キーボードのすぐ横には、三週間前に買ったばかりのiPadが鎮座しています。このデバイスがこれからどんなふうに活用されるのか(あるいは、あまりされないで終わるのか)、僕にはまだ予想がつきません(というわりには、けっこう予測を書いてしまいましたが)。

本書では特に既存マスメディア(新聞、テレビ、出版社)に対して、たいへんきびしい言葉を書き連ねました。これも蓋を開けてみたら、まるでお門違いであって、十年後もあいかわらずテレビではどの局も同じようなバラエティ番組を放送し、新聞は毒にも薬にもならない社説を掲げ、インスタント自己啓発本がベストセラーリストに並んでいる……というようなことになった場合には、ほんとうにお詫びの申し上げようもありません。その場合はわが不明を恥じつつ、この本が「未来予測はたいへんにむずかしい」という汎用性の高い真理を学ぶための「生きた教訓」としてひさしく読み継がれるというかたちで責任を全うしたいと考えております。

最後になりましたが、担当の編集者として何度も大学までお運び、授業を聴講していただいた光文社の古谷俊勝さん、永吉徳子さんにお礼とお詫びを申し上げます。お二人とも三年間お待たせしている間に異動し（古谷さんなんか取締役になってしまいました）、仕上げは森岡純一さんにお願いすることになりました。仕事が遅くて、ほんとうにすみません。

そして、最後の最後に、本書の原型になった神戸女学院大学の講義科目「メディアと知」に出席して、意表を衝《つ》く発言によってつねに僕をインスパイアしてくれた学生諸君にもお礼を申し上げたいと思います。みんな、どうもありがとう。この本ができたのは、君たちのおかげです。

二〇一〇年六月

内田樹

【脚註】

1 村上春樹『村上朝日堂　はいほー!』文化出版局、一九八九年、一五二頁

2 共同通信、二〇〇五年、二月一五日配信

3 小松秀樹『医療崩壊』朝日新聞社、二〇〇六年、二〇頁

4 小松秀樹、前掲書、六二頁（強調は内田）

5 Albert Camus, '*Le Mythe de Sisyphe, in Essais*, Gallimard, 1965, p.99

6 *Ibid.*, p.99

7 宇沢弘文『社会的共通資本』岩波新書、二〇〇〇年、五頁

8 宇沢弘文、前掲書、五頁

9 柴田元幸編訳『ナイン・インタビューズ　柴田元幸と9人の作家たち』アルク、二〇〇四年、二七四〜五頁

10 「文藝著作権通信」第11号、NPO日本文藝著作権センター、二〇〇九年三月

11 「Devil Press Exclusive Interview ジョージ・A・ロメロ」伊東美和取材・構成、『映画秘宝』、二〇一〇年七月号、五一頁

12 ブライアン・ウイルソン『ブライアン・ウイルソン自叙伝』中山康樹構成・監修、中山康樹・中山啓子

訳、径書房、一九九三年、二〇六頁

13 竹信悦夫『ワンコイン悦楽堂』情報センター出版局、二〇〇五年、三九二〜三頁

14 マルセル・モース『贈与論』吉田禎吾ほか訳、ちくま学芸文庫、二〇〇九年、一四頁（強調は原文）

15 モース、前掲書、三四〜三五頁（強調は内田）

16 Claude Lévi-Strauss, *Anthropologie structurale*, Plon, 1958/74, p.95

17 *Ibid.*, p.56

18 *Ibid.*, p.57

19 「文藝著作権通信」第10号、ＮＰＯ日本文藝著作権センター、二〇〇八年一一月

20 佐々木俊尚『２０１１年　新聞・テレビ消滅』文春新書、二〇〇九年、五二頁

21 Claude Lévi-Strauss, *La Pensée sauvage*, Plon, 1962, p.31

内田樹（うちだたつる）
1950年東京都生まれ。東京大学文学部仏文科卒業。東京都立大学大学院人文科学研究科博士課程中退。神戸女学院大学文学部総合文化学科教授を2011年に退職。同年、神戸市に武道と哲学のための学塾「凱風館」を開設。著書に『修業論』（光文社新書）、『街場のアメリカ論』『街場の現代思想』（以上、文春文庫）、『街場の教育論』『街場の中国論』（以上、ミシマ社）、共著に『現代思想のパフォーマンス』（光文社新書）、『若者よ、マルクスを読もう』（かもがわ出版）など多数。『私家版・ユダヤ文化論』（文春新書）で第6回小林秀雄賞、『日本辺境論』（新潮新書）で第3回新書大賞、2011年に第3回伊丹十三賞を受賞。神戸女学院大学名誉教授。

街場《まちば》のメディア論《ろん》

2010年8月20日初版1刷発行
2021年11月5日　14刷発行

著　者 ── 内田　樹

発行者 ── 田邉浩司

装　幀 ── アラン・チャン

印刷所 ── 堀内印刷

製本所 ── 榎本製本

発行所 ── 株式会社光文社
東京都文京区音羽1-16-6（〒112-8011）
https://www.kobunsha.com/

電　話 ── 編集部03(5395)8289　書籍販売部03(5395)8116
業務部03(5395)8125

メール ── sinsyo@kobunsha.com

R <日本複製権センター委託出版物>
本書の無断複写複製（コピー）は著作権法上での例外を除き禁じられています。本書をコピーされる場合は、そのつど事前に、日本複製権センター（☎ 03-6809-1281、e-mail : jrrc_info@jrrc.or.jp）の許諾を得てください。

本書の電子化は私的使用に限り、著作権法上認められています。ただし代行業者等の第三者による電子データ化及び電子書籍化は、いかなる場合も認められておりません。

落丁本・乱丁本は業務部へご連絡くだされば、お取替えいたします。
© Tatsuru Uchida 2010 Printed in Japan ISBN 978-4-334-03577-8

光文社新書

150 座右のゲーテ　壁に突き当たったとき開く本　齋藤孝
「小さな対象だけを扱う」「日付を書いておく」「論理的思考を封印する」——本書では、ゲーテの〝ことば〟をヒントにして、知的で豊かな生活を送るための具体的な技法を学ぶ。

176 座右の諭吉　才能より決断　齋藤孝
「浮世を軽く視る」「極端を想像す」「まず相場を知る」「喜怒色に顕わさず」——類い希なる勝ち組気質の持ち主であった福沢諭吉の珠玉の言葉から、人生の指針を学ぶ。

177 現代思想のパフォーマンス　難波江和英　内田樹
現代思想は何のための道具なの？　二〇世紀を代表する六人の思想家を読み解き、現代思想をツールとして使いこなす技法をパフォーマンス（実演）する。

290 論より詭弁　反論理的思考のすすめ　香西秀信
なぜ、論理的思考が議論の場で使えないか。その理由は、それが対等の人間関係を前提に成立しているからである——対等の人間関係などない実社会で使える詭弁術の数々！

353 座右のニーチェ　突破力が身につく本　齋藤孝
規制や抑圧を打ち壊し、突破したニーチェのことばから、保身や恐れを克服し現代を生き抜くヒントを学ぶ。心に溜まった垢を洗い流す「座右」シリーズの第三弾。

406 難解な本を読む技術　高田明典
フロイト、ラカン、ウィトゲンシュタイン、デリダ、ジジェク…。偉大な哲学者たちの難解な思想を、読書を通していかに自分の中に取り込み血肉化するか、その技術を紹介する。

457 影響力　その効果と威力　今井芳昭
「人は近くにいる人を好きになる」「人は漏れ聞いたことに感化される」「集団で話し合うと意見が極端になる」——多数の事例をもとに心理学的見地から明らかにする〝影響力〟の実態。